Chère

Johanne Fontaine

qui les Déesses du ciel et de la terre accompagnent tes jours et tes nuits.

HOP LA VIE!

TANT QU'IL Y A DE LA VIE IL Y A DE L'ESPOIR

Johanne Fontaine

Collection Expérience de Vie

Performance Édition

PERFORMANCE Édition 450-448-7748

info@performance-edition.com
www.performance-edition.com

Distribution pour le Canada : Prologue Inc.
1650, Lionel Bertrand
Boisbriand (Québec) J7H 1N7

Diffusion pour l'Europe : DG DIFFUSION
Z.I. de Bogues, Rue Gutenberg
31750 ESCALQUENS
France
Tél : +33(0) 5.61.00.09.99
www.dgdiffusion.com

Distribution européenne Web : www.libreentreprise.com

ISBN 978-2-923746-18-0

Réviseure : Françoise Légaré-Blanchard

Photo de la couverture : www.Zabellphoto.com

Conception graphique de la couverture et mise en pages :
Pierre Champagne infographiste

Dépôt légal 4ième trimestre 2012
Dépôt légal Bibliothèque et Archives nationales du Québec, 2012
Dépôt légal Bibliothèque nationale du Canada
Dépôt légal Bibliothèque nationale de France

Imprimé au Canada

Table des matières

Note aux lecteurs :

Les propos tenus dans ce livre ne représentent que l'opinion de leur auteure et n'engagent nullement l'éditeur à quelque niveau que ce soit.
Le féminin inclut le masculin.

À Pierre, pour toujours!

À Raphaël, mon fils!

MOT DE L'AUTEURE

En mars 2010, j'ai dû faire face à un diagnostic de cancer incurable. Vivre avec l'épée de Damoclès au-dessus de la tête d'une possibilité de mort à court terme, d'un ticket pour le grand voyage, a provoqué chez moi une onde de choc.

Je tiens à partager le cheminement de cette réaction avec vous tellement il est intense et bourré d'enseignements. Nous allons tous mourir un jour, c'est la seule justice sur terre! Avec toute l'humilité qu'il se doit, et loin de moi l'idée de vous entraîner dans un concours de la personne qui a été la plus malheureuse, j'ai l'intime conviction que mon histoire et mes anecdotes, bien qu'elles soient différentes des vôtres dans le détail du récit, sont à la fois semblables et tout aussi déstabilisantes. Elles peuvent vous servir de modèle, de réflexion, de prise de position, de guide. À vous d'en juger.

Que nous soyons riches ou pauvres, notre passage sur la terre ne se passe pas sans heurts. Que ce soit à cause de la séparation de nos parents, de la perte d'un être cher, de l'alcoolisme d'un père ou d'une mère, du sentiment de rejet, d'abandon, d'injustice, de trahison, de la fin d'une vie de couple, d'un congédiement, d'une faillite, d'un viol, d'une maladie physique ou mentale, voilà autant de drames et de cicatrices qui marquent à jamais notre peau, notre cœur, notre âme. C'est la vie! Elle est composée de hauts et de bas. À bien y penser, je préfère que ce soit ainsi. La journée où je n'éprouverai plus rien signifiera que je suis dans une urne pour l'éternité.

Je crois profondément que les choix nous appartiennent : l'attitude mentale à adopter, lâcher prise, demander de l'aide, changer notre façon de voir, d'entendre, de sentir, de se prendre en main, de se laisser aller, de nourrir des peurs, d'alimenter de fausses croyances, de se juger, de s'abandonner à notre créativité, de se comparer, de se faire confiance, de s'aimer. Ce cancer du côlon avec métastases m'oblige à **me choisir**. Comment arriver alors à vivre le quotidien de cette terrible réalité, dans cette peur quasi incontrôlable?

Heureusement que les outils mis à notre disposition pour nous supporter dans nos tempêtes, dans nos transformations et dans nos choix, sont si nombreux de nos jours. Je suis consciente que les livres d'épanouissement personnel pullulent, qu'il existe de nombreuses médecines beaucoup plus holistiques que la médecine traditionnelle, qu'il est possible de consulter une psychologue, une coach, une psychanalyste, une naturopathe, une voyante, une acupunctrice, une massothérapeute. Que ne sais-je encore?

En dépit de toutes les possibilités des recours disponibles, je tiens quand même à vous proposer mes ressources parce qu'elles me semblent fort efficaces. Nous ne savons pas ce qui va vraiment nous aider à vivre lorsque tout s'écroule autour de nous. Si je peux contribuer à ce que mes congénères apprennent à s'aimer, se reconnaître, se faire confiance, se donner la permission d'être, à s'exprimer dans leur unicité et leur différence, j'aurai la joie et le sentiment profond d'avoir rempli ma mission. C'est un impératif qu'il m'est maintenant impossible d'outrepasser.

Tant qu'il y a de la vie, il y a de l'espoir, de la visualisation, une possibilité de manifester ses désirs, de déceler ses besoins, d'entreprendre des actions, de se transformer pour s'aimer, de vivre sans peur, sans faire quelque reproche que ce soit, déchargée de culpabilité, consolée de nos peines, libérée de nos colères et, tout cela, dans l'expression de soi, dans notre puissance, dans notre moment présent, dans notre danse, dans notre créativité.

Que mes actions et mes réactions quant à ce diagnostic tragique deviennent autant de suggestions, d'influences, de miroirs, d'outils pour vous aider à traverser les épreuves inévitables que, de toute façon, la vie place sur notre route. Prêcher par l'exemple est une maxime connue, n'est-ce pas?

Vivre **tout** ce que j'ai à vivre! Chaque instant devient si important, si intense. Je choisis de vivre dans la lumière du chemin intérieur pour lutter en toute confiance. Que ma route soit la plus longue possible!

Comment travailler avec la force de guérison en moi? Comment ce travail peut-il se manifester au quotidien? Je ne vais pas mourir d'ici deux ans. Non!

D'où me vient cette croyance que je sens si forte en moi? Ma pulsion de vie est si intense. Sera-t-il si difficile de ne pas mourir? De vivre?

Que les déesses et les anges accompagnent mes jours, mes nuits et les vôtres!

Haut-les-cœurs!
Johanne Fontaine

Préface

Hop La Vie!

Quel joyeux cri de rassemblement! Il faut voir mon amie Johanne bondir de sa chaise, les bras en l'air, s'élancer dans une pirouette, les yeux brillants, un sourire éclatant, pour entonner ce Hop La Vie! Comme vous pouvez la voir sur la couverture, une belle comète rouge cerise qui danse pour simplement célébrer le bonheur d'être vivante!

Cette merveilleuse Johanne, je l'ai rencontrée à l'école de théâtre au début des années 70 puis, dans la troupe Organisation Ô, alors qu'on se démenait avec nos créations collectives féministes de la fin de ces mêmes années.

Johanne pleine d'énergie, qui monte aux barricades, affirme, dénonce et gueule, petite fille inquiète aussi, qui pleure, embrasse les arbres, implore et supplie, une jeune femme tellement audacieuse, magnifique comédienne, redoutable improvisatrice, provocante, un poème sur deux pattes, grande amoureuse, passionnée.... Et tellement critiquée : « Johanne est trop agressive, trop forte, trop intense! Johanne c'est trop d'énergie, ça éclabousse, ça dépasse, Johanne c'est trop de... pas assez de...! Elle dérange! »

Cette chère belle amie, après de grands moments d'exaltation, pouvait aussi tomber au plus bas tant ces critiques la blessaient, l'insécurisaient, elle qui aurait bien voulu parfois être moins ceci et un peu plus cela... Mais comment-être-autrement-que-ce-qu'on-est-fondamentalement? N'est-ce pas un des buts de la vie de découvrir, de rencontrer qui l'on est et de l'exprimer de son mieux?

Aujourd'hui, je lis son livre et je suis tellement émue, vraiment impressionnée aussi. Je ne pense pas qu'il lui fallait ce terrible diagnostic pour rebondir comme elle l'a fait. Mais ce dont j'ai été témoin au cours des derniers mois, c'est de voir qu'avec cette terrible épée au-dessus de sa tête, tout ce qui « dépassait » chez elle, ce que certains qualifiaient de « trop », tout ça a trouvé tout à coup sa place en elle, parce qu'elle s'est mise... à l'accepter, à le questionner aussi, mais à l'assumer et à le porter fièrement!

Cette énergie phénoménale c'est elle : elle parle fort, rit et pleure fort, aime passionnément, point! Et devant le diagnostic qui la condamnait, elle a mis toute cette formidable force de vie, non pas seulement à combattre la maladie, mais surtout à la canaliser pour s'aimer mieux, à se découvrir d'immenses ressources, à aimer davantage la vie, la célébrer; ne pas laisser la peur l'étouffer, mais au contraire danser, nourrir l'immense amour qu'elle a pour son fils, son amoureux, ses ami(e)s, et vivre cet amour au présent, l'honorer à chaque instant.

J'ai lu ce livre formidable et je vous avertis, il donne des frissons. On a envie de se lever, de danser, de se secouer les puces, d'oser, de prendre le risque de vivre ses rêves, de se tromper, d'aimer, de voir les choses autrement, de se regarder par une autre lorgnette, de s'apprécier, de se faire confiance et de recommencer. Peu importe notre âge!

Ces réflexions qu'elle partage en racontant son histoire ne sont pas que des paroles, il y a aussi des outils concrets, des pratiques joyeuses qui permettent de cultiver notre présence à soi, à l'instant, à l'essentiel et faire des choix simples, mais profonds dans nos vies.

C'est de la « belle ouvrage » aurait dit mon père, parce qu'en nous livrant tout son parcours, Johanne nous invite à une véritable rencontre de soi. Je vous souhaite bonne lecture et un beau voyage!

Et à toi, mon amie, MERCI! C'est un magnifique objet que tu nous as fabriqué là, un vrai cadeau. Il me touche, comme toi tu me touches tellement. Il me fait respirer plus large, plus profondément. Si personne n'a le choix de mourir, on a tous et toutes le choix de vivre bien et mieux avec ce qui nous arrive. Ton livre me donne immensément le goût de vivre, entière et vibrante, et cela, jusqu'à la fin.

Merci Johanne,

Je t'aime et oui... hop la vie!

Danièle Proulx
St-Michel de Bellechasse et Montréal, septembre 2012

Je tiens à remercier sincèrement

La généreuse et douce Josée Amesse, ma première correctrice qui a fait le ménage afin d'imprimer le premier manuscrit. Elle a cru en moi. Comme un ange descendu du ciel!

L'irremplaçable Sylvie Daigle, une déesse de patience, d'intelligence, de minutie. Munies de deux copies papier, ciseaux, ruban adhésif, nous avons structuré le tout. Un ange accompagnateur!

L'inestimable et toujours nécessaire Hélène Valentini, pour son œil vif et pour son influence toujours positive sur moi.

Je tiens à souligner le talent exceptionnel d'Isabelle Gauthier pour la superbe photo de la couverture.

Danièle Proulx, pour ce qu'elle est.

Isabelle Maréchal, pour sa grande intelligence.

Denise et Diane, deux fées de l'Hôpital St-Eustache.

Martine, ma nouvelle amie à la polyclinique de Maisonneuve-Rosemont.

Lise Levasseur, infirmière pivot à l'hôpital Sacré-Cœur.

Toutes mes amies si affectueuses, si présentes, si fidèles, si intelligentes et si intenses. Le féminin inclut définitivement le masculin. Que ferais-je sans vous?

Finalement Françoise, André et Marie-Josée Blanchard de Performance Édition qui m'ont convaincue que je devais écrire. Leur gentillesse et leur enthousiasme sont contagieux.

CHAPITRE UN

Diagnostic

10-9-8-7-6-5-4-3-2-1, le compte à rebours est parti : Je meurs!

Je suis dans le vide, je tombe en bas de ma vie. C'est donc ça mourir?

Je me réveille. Fiou! C'est un cauchemar. Je suis aux soins intensifs de l'Hôpital de Saint-Eustache. Bonjour l'angoisse! Nous sommes le lundi 8 mars 2010, *Journée internationale des femmes!* En plus, du 12 au 17 octobre, il y aura la quatrième *Marche mondiale des femmes*. L'infirmière à mon chevet porte le badge à l'effigie de cette année : *TANT QUE LES FEMMES NE SERONT PAS LIBRES, NOUS SERONS EN MARCHE*. Je me mets à pleurer. Je suis très impliquée à la préparation et au succès de tous ces événements depuis des mois. J'ai un contrat à respecter chaque jour de cette semaine, des rendez-vous, des activités. Mon agenda est plein. Je suis en mission pour changer le monde, je suis une militante pour l'égalité entre les hommes et les femmes. J'ai du pain sur la planche! Et moi, je suis branchée de partout, sans doute entre la vie et la mort. Mais qu'est-ce qui m'arrive? Quel vertige!

Permettez-moi de placer les morceaux du puzzle de ma vie, en espérant que mon histoire vous inspire pour que vous soyez toujours la personne la plus importante pour vous.

À chaque lune depuis quelques mois, j'ai des hémorragies indescriptibles. Je me transforme en rivière, en débâcle de sang rouge. Je consulte ma médecin de famille (oui, je suis chanceuse) qui me fait rencontrer une gynécologue qui détecte un petit quelque chose, peut-être à la rate. Le dossier suit son cours dans les dédales de la bureaucratie et des suivis médicaux. Je constate que je ne suis pas vraiment dans mon assiette. Je suis toujours un peu fatiguée. J'en conclus que je dois manquer de fer. Je participe à des réunions et je suis plus tranquille que d'habitude, ce qui n'est pas trop dans mes habitudes, je suis du genre à avoir des opinions, des idées à profusion et à n'avoir aucun problème à les exprimer en public.

Je crois que certaines aiment bien et que ça en bouscule d'autres. Ainsi va la vie et chacune a sa mission et son énergie à l'intérieur des groupes auxquels elle accorde son appui. *Quand nous serons mortes, mes sœurs, les femmes vivront d'amour, et il n'y aura plus de misère, de jalousie et de harcèlement psychologique?*

Donc, je suis assez amorphe et, de surcroît, moi qui adore préparer le souper pour mon amoureux et moi, je n'ai plus d'appétit. Tout ce que je tente de manger me donne mal au cœur, moi qui suis si gourmande.

Je n'ai pas vraiment mal, mais je ne suis pas confortable non plus. Curieux! On dirait que mon corps me lâche!

Est-ce le fruit de mon imagination? Je ne sais plus. Je respire par le nez en faisant des petits sons. On dirait que ça endort une sorte de douleur que je ne connais pas. Étrange!

J'ai de plus en plus la nausée, je me sens de moins en moins bien et j'ai tellement sommeil. Mon nouvel amoureux, depuis à peine deux ans, que j'aime tant et avec qui je suis si bien, commence à trouver cela étrange. Moi, finalement, même si je ne veux pas le reconnaître, je ne me possède plus. Il me propose de me rendre à une urgence d'hôpital. Je commence par refuser, je me dis que ça va passer, mais rien ne va plus. Je suis obligée de m'avouer que ça ne va pas du tout. Alors, j'accepte à une condition, deux à vrai dire : premièrement, nous n'irons pas dans un hôpital de Montréal, c'est trop gros et ça me terrorise!

Deuxième condition : je ne reste pas plus de dix minutes dans la salle d'attente. Si je vais à l'urgence, c'est parce que je suis malade et j'ai besoin de soins tout de suite. Je suis une patiente impatiente.

Mon *chum* me promet de respecter mes choix. J'accepte de me rendre à l'hôpital. Je ne sais pas si c'est le fait de lâcher prise, mais pendant le trajet de Montréal à Saint-Eustache, les douleurs s'amplifient et, quand nous arrivons enfin à l'urgence, je ne suis que douleur!

Je me traîne à quatre pattes jusqu'au comptoir pour remettre ma carte d'assurance maladie. Je crie, je gémis et je souffre. Certains pourraient croire que ce n'est que du cinéma, mais bien au contraire, c'est de l'expression de soi. Une question de vie ou de mort. Je l'ignore à ce moment, mais je suis très malade.

La preuve, sans plus d'attente, je suis au triage. On prend ma température, ma pression, et en moins de dix minutes, j'enfile une jaquette d'hôpital et on m'administre ma première piqûre de morphine!

Ciel! Qu'est-ce que j'ai? Je suis au plus mal, rien ne va plus. Moi, une force de la nature, soudainement si vulnérable, si malade à l'urgence dans un lit d'hôpital? Qu'est-ce qui me pend au nez? Je suis dans un état de panique assez avancé. Heureusement que les anges existent lors de ces moments et, justement Josée, une des préposées aux bénéficiaires, est là à mes côtés, comme un ange descendu du ciel, juste pour moi. C'est comme si nous avions rendez-vous elle et moi. Tout un rendez-vous! C'est comme si elle était là que pour me soigner, m'apaiser et me sécuriser. Elle possède une qualité de présence exceptionnelle, je suis chanceuse. Elle m'apaise.

Je ne sais plus combien de temps je suis restée à l'urgence. Je dors tout le temps sous l'effet de la drogue. Je vomis beaucoup, je perds la notion du temps, je suis malade comme un chien. Je ne sais plus à quel moment on m'a transférée à l'étage dans une chambre avec six autres personnes. J'ai l'impression d'être perdue dans la brume. Et ma foi, l'effet de la morphine se fait vraiment sentir. Heureusement!

Puis, on me fait passer une coloscopie, et pour ça, il faut boire quatre litres d'un liquide infect. Je n'y arrive pas, vraiment pas, et je ne veux plus en boire. Le corps médical a décidé qu'il fallait m'installer un tube dans le nez parce que ce serait la meilleure façon d'ingurgiter ce maudit liquide. Mais moi, je suis morte de peur à l'idée de me faire enfoncer un tube par la narine droite.

Je suis très affaiblie et je résiste quand même. Je suis complètement traumatisée à cause des deux opérations que j'ai subies quand j'avais onze ans à la vésicule biliaire et au pancréas. Ça me fait mal avant même que quiconque me touche; impossible de faire ce qu'ils veulent avec moi. En plus, certaines auxiliaires et infirmières me parlent sur un ton quelque peu condescendant; pas fort en pédagogie. Je réagis et je demande à ces femmes de quitter mon chevet et de ne plus jamais revenir. Je ne perds pas mon caractère. Que voulez-vous j'ai toujours eu du tempérament! Elle n'est pas facile la patiente. Je ne vous dis pas ici tout ce qui doit être écrit dans mon dossier, du genre : refus total de collaboration. Nous avons des droits tout de même. Qui sait qu'il existe des Ombudsmans dans les hôpitaux? Et en quoi cela peut-il être très utile? Si le patient juge que ses droits ne sont pas respectés, c'est à cette personne qu'il pourra déposer ses plaintes et ses récriminations.

Toujours est-il que, finalement, une gentille et douce auxiliaire dont je ne me souviens malheureusement plus du prénom, prend le temps de s'asseoir sur mon lit. Elle me prend la main et me fait comprendre l'importance de cette intervention. Je sais que ces pauvres femmes des soins hospitaliers sont débordées et que leurs conditions de travail sont inacceptables, mais les bénéficiaires ne sont pas obligés de subir toutes les conséquences d'une telle situation. Nous, les malades, sommes si vulnérables.

Elle a fini par introduire ce fameux tube dans une narine. Le jeudi, je suis prête pour passer ma coloscopie. Je suis terrorisée. L'endocrinologue est très gentil et il m'injecte une dose de calmants qui me précipite dans le néant. Je ne sens rien. Résultat : sur la photo de mon intestin, on peut voir quelque chose qui ressemble à une magnifique rose faite de vaisseaux sanguins et de chair, c'est magnifique! Le diagnostic tombe : c'est une grosse tumeur cancéreuse! Un cancer colorectal. Il faut m'opérer le plus vite possible. Je serai opérée le lundi 8 mars.

Entre les deux, je ne me souviens plus vraiment, j'étais trop malade. Sans doute que ni mon conscient, ni mon inconscient ne voulaient se rendre compte de l'ampleur de ce qui m'arrivait. J'étais trop souffrante, tellement souffrante.

Je me retrouve aux soins intensifs et deux jours plus tard, je suis transférée dans une chambre à deux lits. Je hais les chambres semi-privées, aucune intimité, parfois aucune complicité possible avec la patiente du lit voisin et, souvent, avec sa famille, c'est encore pire.

Ceci étant dit, je suis branchée de partout et je me retrouve dans une assez bonne forme malgré tout ce qui vient de se passer. Est-ce que l'anesthésie et la morphine ont endormi toutes mes angoisses et toutes mes peurs? Sans doute. Je suis bien installée, ma chambre regorge de fleurs, j'ai de la visite tous les jours. J'ai beaucoup d'amies qui se relaient pour me visiter et mon *chum* est à mon chevet tous les soirs. Oh! Mon bel amour, si précieux et si aimant! C'est dans des moments tragiques comme celui-là que nous constatons vraiment l'importance de l'amour et de l'amitié. J'ai souvent tendance à confondre les deux. Je vis des relations intenses. C'est dans ces situations-là que d'être aimée prend tout son sens. J'apprécie ma chance. Combien de malades sont seules et abandonnées? Je suis reconnaissante envers la vie.

Un après-midi, Mélanie, une jeune amie que j'aime beaucoup et avec qui j'ai travaillé dans un centre communautaire, vient me visiter à l'hôpital. Nous avons toujours des conversations intéressantes sur le féminisme, la vie, l'amour, les valeurs, les désirs, les besoins, etc. Nous sommes très proches l'une de l'autre. Nous avons tissé des liens profonds. Elle a une petite fille de deux ans du nom de Sarah. Cette enfant est mon amie, c'est mon bébé, je suis sa *Mamijô*. Toutes les semaines, elle vient dormir chez moi depuis qu'elle a trois mois. J'aime bien l'idée d'avoir des amies de tous les âges!

Donc, Mélanie est dans ma chambre avec Carole, ma très jolie belle-sœur, et Andrée, une dame d'un des centres communautaires de la région des Laurentides qui m'a aidée à surmonter une expérience de harcèlement psychologique dont j'ai été victime, il y a quelques années. Je vous en reparle au chapitre onze.

La jeune chirurgienne qui m'a opérée entre dans la chambre en demandant si les personnes présentes sont des membres de ma famille. Pour moi, oui, elles le sont.

Alors, elle me dit : « Madame Fontaine, vous ne comprenez pas ce que je veux vous dire. Madame Fontaine, vous ne comprenez pas ce que je veux vous dire. »

Je ne me souviens d'aucune conversation à ce propos entre nous deux. Je ne sais pas de quoi elle parle.

La drogue est vraiment *bonne* et elle a sans doute provoqué de l'amnésie.

- Que voulez-vous tant me dire?

- Vous avez un cancer incurable!

Un cancer incurable!!!??? Tout s'arrête. Le vide dans ma tête; sans doute que des fonctions cérébrales s'arrêtent afin de ne pas mourir sous le coup du choc! Une lobotomie provisoire et instinctive! Une protection quasi animale. Je ne suis plus dans mon corps, je flotte au-dessus des mots, au-dessus des conséquences des mots. Je ne veux pas être celle à qui on annonce cette sentence. Non! Non! Non! C'était donc ça le cauchemar aux soins intensifs? Je vais mourir! Mourir! M-O-U-R-I-R. Mourir! Et tout doucement, au ralenti, je reviens dans la chambre, je reviens à moi, à l'instant présent, et j'ai l'impression qu'une caméra s'est rapprochée pour faire un gros plan sur moi qui m'agrippe par les mains aux oreillers de mon lit d'hôpital et qui demande : « Combien de temps me reste-t-il à vivre? » C'est la seule chose qui me vient naturellement. Est-ce que je veux entendre la réponse? Je n'ai pas le choix, c'est moi qui suis là, pas une autre.

- Un an et demi ou deux!

- Un an et demi ou deux?

Silence total!

Mélanie pleure. Je sens Andrée qui prend le sentier de la battante. Carole rage de son peu de tact.

Et moi, c'est fou ce qui se passe dans ma tête, à une vitesse vertigineuse. Que faire? Comment réagir? Le choix de mon attitude me revient.

La colère? Elle a tellement été présente dans ma vie! Ça fait quelques années que je me contrôle et je préfère la vie ainsi. Je ne veux plus de cette énergie. J'ai trop rué dans les brancards et ça ne m'a jamais trop rapporté, bien au contraire. Puis, avec l'âge, je sais que la colère ne règle aucun des problèmes qui la provoquent.

La colère est légitime, mais comme le disait, Hélène Pedneault*, il vaut mieux la transformer en indignation. L'Indignation donne plus de profondeur à la colère et permet de créer un recul quant à l'événement inacceptable et à préparer son argumentaire et à décider de ses actions.

La dépression nerveuse? Je suis encore sous l'effet des antidépresseurs. Et j'estime que j'allais beaucoup mieux. Je ne veux plus être en dépression, c'est trop long, trop douloureux, et puis je n'ai plus de temps à perdre. On dit qu'il ne me reste plus qu'un an et demi ou deux à vivre. Ce n'est pas du tout le temps d'être en dépression. Avec toutes les thérapies que j'ai suivies, je sais que je suis *un diamant aux mille facettes*.

La lumière? Je vais choisir d'aller dans ma lumière. Dieu sait que j'en ai beaucoup. Une énergie hors de l'ordinaire comme un don des déesses de la terre et du ciel. Une

Grande écrivaine et féministe québécoise élue Patriote de l'année en 2009. Elle nous a laissé une œuvre remarquable. J'attire votre attention sur : « Les carnets d'une délinquante » dans le magazine féministe LA VIE EN ROSE : « Apologie de la colère 101 »; « Le manifeste de la Marche Mondiale des Femmes en 2000 ». www.helenepednault.com

énergie comme peu de personnes a hérité et qui en a rebuté plusieurs dans ma vie. Et, du plus loin que je me souvienne, j'ai toujours prêté flanc à ceux qui discréditaient cette force unique et originale et j'ai toujours eu une tendance à me diminuer à cause de cette unicité, voire même me saboter.

Mais à partir d'aujourd'hui, cette lumière deviendra ma force, mon guide, et je décide ici et maintenant de m'abandonner à ma façon unique de scander les minutes de l'horloge fatidique. J'assume dorénavant mon côté porte-drapeau, ce côté positif qui m'a constamment habitée, malgré tous les déboires de ma vie. Je suis une battante et je le serai encore plus maintenant. Plus que jamais! *Run for your life!*

Andrée m'encourage : « Johanne, tu es une battante, ne l'oublie jamais! Tu es capable de traverser cette épreuve! Tu as toute la force de guérison à l'intérieur de toi! »

Oh! Oui Andrée. C'est certain que je ne me laisserai pas abattre. Je ne veux pas mourir et *tout ce que je suis de trop* va enfin me servir. *The sky is the limit!*

Les filles quittent ma chambre. Je suis seule. Seule avec ma réalité, une réalité que je n'arrive pas à faire mienne. Il y a quelque chose qui n'est pas possible dans cette histoire. Et pourtant, plus d'une personne sur trois est confrontée à cette réalité. Le cancer! Je suis étourdie.

Mon fils n'a que dix-huit ans. Mon fils que j'ai tant désiré et que j'aime tant a encore besoin de sa maman. Je suis en nouvelle relation amoureuse depuis à peine deux ans et tout va bien. Je me sens en pleine possession de mes moyens, ce qui ne m'est pas arrivé depuis des années. J'ai la tête pleine de projets. J'ai une clientèle beaucoup plus régulière. Je suis en train de développer des ateliers de ressourcement et d'établir un horaire de conférences. Je me suis totalement impliquée pour obtenir l'égalité entre les femmes et les hommes. Ma nouvelle carrière déclenche après tant d'années de travail. Tout ne peut tout de même pas s'écrouler!

CHAPITRE DEUX

Attitude

Je prends de grandes respirations. Surtout, je veux me recentrer, me prendre en main, ne pas m'écrouler. Garder le focus.

J'ai toujours affirmé que je préfère être une vivante-vivante qu'une vivante-morte. Mon objectif de vie est clair : rester en vie! Vivre! Vivre dans ma lumière!

Je possède toutes les ressources et toutes les capacités nécessaires pour traverser cette épreuve. Une de plus! Mais ça n'arrêtera donc jamais? On dirait bien que non. Mais ça veut aussi dire que je suis en vie. La vie n'est pas un long fleuve tranquille. Nous ne savons jamais ce qui nous pend au nez. Aujourd'hui, j'ai vraiment le choix de l'attitude à adopter. Je suis flabbergastée.

Mes jambes sont paralysées sous l'effet de l'épidurale. Ce type d'anesthésie est administré après les opérations pour atténuer les douleurs. Je décide de me masser les jambes, puis je masse, je masse encore avec une énergie hors du commun. Il est urgent que je retrouve l'usage de mes jambes.

Je me parle : « Hey! Un instant...! Qui est cette jeune chirurgienne pour me dire qu'il me reste si peu de temps à vivre? Pour qui se prend-elle? Pour une scientifique! Et puis, est-ce que je suis une statistique? Surtout, ne pas m'identifier à ce cancer! De plus, ce n'est pas ***mon*** cancer, c'est ***un*** cancer ». Je crois qu'il est préférable de créer une distance. Ce sera plus facile pour remporter la victoire.

Moi qui ai si souvent voulu mourir! Maintenant que ce serait possible, je ne veux plus. Comme c'est paradoxal! Non. Je continue de me masser encore et encore avec de plus en plus de vitalité, jusqu'à ce que je retrouve l'usage de mes jambes. Je sors de mon lit pour aller vers ma chaise. Je suis debout sur mes deux jambes, je m'accroche à mon poteau de soluté et je me mets à danser, à esquisser quelques mouvements de danse, je suis si faible. Je caracole. Et je danse, je danse comme un hymne à la vie pour défier le mauvais sort jusqu'à ce que les infirmières remarquent ce qui se passe.

- Madame Fontaine, faites attention, vous pourriez tomber. C'est dangereux, il faut nous appeler.

- Mesdemoiselles, je vais danser, je ne vais pas mourir, il n'en est pas question. Je vais aller dans le corridor et je vais donner des ateliers à tous les malades de l'étage. Haut-les-cœurs et hop la vie!

Elles rient, elles me trouvent folle et moi, je suis contente d'être drôle et de retrouver mon humour et mon dynamisme. Bien sûr, je ne vais pas donner des ateliers de ressourcement, mais j'irai dans la joie et la sérénité, ça c'est certain. Pourquoi la vie ne me donnerait-elle pas une chance? Deux chances? Des chances? La chance? Les dés sont jetés, mais la partie n'est pas finie. Oh! Non. Et puis, ce n'est pas parce qu'on va mourir qu'on ne vit plus... Voilà! C'est que la vie, elle continue...

Mon séjour à l'hôpital est plein de quiétude. Les heures passent relativement vite. Je suis obligée ***de prendre le temps.*** Je lis beaucoup. J'ai de la visite tous les jours. Tant d'amour et de sollicitude. Mon *chum* est si aimant, si présent, si encourageant, si simple et si fort dans la tempête. J'ai de la bouffe dans le frigo des infirmières. Heureusement, parce que la nourriture n'est pas mangeable dans les hôpitaux, c'est vraiment curieux. Ça devrait pourtant être tellement important. Où sont les éléments nutritifs, les vitamines? Qu'est-ce qui se passe avec les Conseils d'administration des hôpitaux? Manque de budget? Organisation déficiente? Manque d'implication des citoyens?

Toujours est-il que je fais la connaissance d'une jeune oncologue fort dynamique. Elle est très belle, elle est grande et elle me plaît tout de suite. Nous sommes en mars et étant donné qu'on me dit incurable, c'est en avril que je commencerai la chimiothérapie « palliative » au lieu de « curative ».

Elle me demande : « Avez-vous des projets? »

- Mais certainement, j'ai beaucoup de projets. Premièrement, je vais vendre ma maison et aller vivre avec mon amoureux à Montréal. Puis, j'irai faire un voyage en France et à Venise en octobre. Mais j'y pense, je fais partie d'un spectacle et nous sommes en reprise fin août, début septembre et nous commençons à répéter fin juillet. Est-ce que je pourrai jouer? Est-ce que les traitements en chimiothérapie vont m'en empêcher?

Je panique.

Aïe! Moi, je veux jouer. Je donnerais tout ce que j'ai au monde pour exercer mon métier d'actrice plus souvent. La pièce est un succès : *SAUCE BRUNE,* d'un homme de théâtre que j'aime beaucoup, Simon Boudreault. Nous jouerons au théâtre *L'ESPACE LIBRE*. J'incarne un personnage que toute actrice rêve d'interpréter un jour, je joue très bien mon rôle et je ne pourrai plus le jouer? Je serai remplacée? Je capote. Non, non, la vie ne va pas me faire ça. Mais, voilà, comment annoncer cela à la jeune troupe? Eux, vont-ils vouloir s'engager avec quelqu'un qui est à la veille de mourir, avec une femme qui a un cancer incurable?

Oui, voilà, ma nouvelle réalité. C'est comme irréel. Moi, Johanne Fontaine, j'ai un cancer. Un cancer? Et incurable en plus! Je n'arrive pas à me l'enfoncer dans la tête.

Je prends une grande respiration. Je dois commencer par prendre du mieux, sortir de l'hôpital, me remettre de mes deux opérations parce que tant qu'à être sur la table d'opération, on m'a fait une hystérectomie avant de me débarrasser de la tumeur cancéreuse sur l'intestin.

Ensuite, commencer la chimiothérapie, constater les effets secondaires et juger si je suis en mesure de reprendre le rôle d'*ARMANDE* dans la pièce de théâtre qui me tient tant à cœur.

L'équipe des soins en chirurgie est absolument fantastique. Leur soutien m'est nécessaire. Toutes les femmes qui font partie de cette équipe sont tellement dévouées, aidantes, présentes. Quel métier et dans quelles conditions!

Ça va bientôt faire deux semaines que je suis à l'hôpital. Ça va mieux. Ma vie vient de basculer, mais j'en ai marre, je veux sortir. Nous sommes samedi et j'aimerais dormir et me lover dans les bras de mon amoureux.

Quand j'ai quelque chose dans la tête, je ne l'ai pas dans les pieds.

Le chirurgien de garde ce week-end-là est fort sympathique. Je lui avoue que je n'ai pas beaucoup aimé me faire annoncer qu'il me restait si peu de temps à vivre. Personne ne veut faire face à un tel mur. D'autant plus qu'avec le cancer, j'estime qu'il y a deux possibilités : soit tu meurs, soit tu t'en sors! C'est vrai, combien comptons-nous d'histoires autour de nous de gens qui étaient sur le point de mourir et qui sont encore là bien vivants, et ce, depuis des années? Oui, je ne nie pas que beaucoup en sont morts, mais depuis, les recherches sur le cancer se sont grandement améliorées. Je ne vois pas pourquoi je ne m'en sortirais pas. De toute façon, à ce stade-ci, personne n'en sait rien.

Il agit comme s'il était d'accord avec moi. Il prend le temps de s'asseoir sur mon lit, prenant bien soin de mettre des gants. Il tente sans doute de soutenir sa consœur. Après tout, ils forment une équipe. Bravo pour la solidarité.

- Vous savez, madame Fontaine, avec le cancer du côlon et des métastases au foie, il est rare que les personnes survivent plus de deux ans. Mais, je dois admettre avec vous, qui sait?

Oui, bon, il est bien gentil, mais moi est-ce que j'ai le goût d'entendre ça?

Que la force soit avec moi!

Je pousse encore un peu ma chance.

- Oh! Docteur, s'il vous plaît, laissez-moi sortir aujourd'hui. J'irai dormir dans les bras de mon amoureux. S'il vous plaît. S'il vous plaît.

- Hum! Ça devait être lundi.

- Oui, mais justement, lundi ou samedi, c'est la même chose!

- Oui, mais vous avez des points qui n'ont pas encore été enlevés.

- Qu'à cela ne tienne, je trouverai une infirmière qui aura le temps de venir me les enlever. La demande pour le suivi postopératoire à domicile a déjà été faite au CLSC. Tout est réglé pour que je puisse partir. J'ai des amies qui vont venir s'occuper de moi. J'ai mon amie Hélène, si brillante, si aimante, si intelligente, qui a tout organisé. Elle a établi un horaire de garde à la maison avec les noms de tous ces gens qui m'aiment et qui se sont engagés à me donner de leur temps. Je ne serai pas seule. Je suis aimée, j'aime la vie, je veux en profiter, s'il vous plaît, signez mon billet de sortie.

Youppi! J'ai son consentement.

- Mais, dites-moi maintenant, qu'est-ce que je peux manger?

- Ce que vous voulez, madame Fontaine.

- Ce que je veux?

- Oui, tout à fait.

- Alors, là, vous êtes vraiment nul. Je viens de subir de graves opérations. J'ai un cancer du côlon et vous me dites que ce que j'ingurgite n'a aucune importance. Voyons donc, ça n'a aucun sens.

- Vous savez, pendant nos études universitaires, notre cours sur l'alimentation n'était que de quarante-cinq heures alors, je ne connais pas grand-chose à l'aspect alimentation.

Je suis complètement soufflée. Le cancer est une des maladies du siècle. Une personne sur trois a le cancer et les chirurgiens et les oncologues sont incapables de nous dire ce qu'il serait préférable de manger! En plus, la plupart des médecins ne croient pas aux bienfaits des thérapies, dites douces. L'approche holistique, ce n'est pas pour les scientifiques du Québec. Vraiment, quel monde!

Heureusement, que j'ai lu le livre *Guérir* de David Servan-Schreiber. Il m'a donné beaucoup d'espoir. Puis, j'ai reçu en cadeau le livre du docteur - *chercheur renommé, conférencier populaire et écrivain* - Richard Béliveau. J'estime qu'il a toutefois tendance à culpabiliser celles qui ont le cancer. Comme si nous avions choisi d'en souffrir! Mais ses suggestions pour un régime alimentaire sain sont une bonne source d'inspiration et d'information. Je me débrouillerai et je prendrai rendez-vous avec une naturopathe. C'est tout de même curieux qu'aucun docteur ne m'ait proposé de rencontrer une nutritionniste ou une diététicienne. Il me semble qu'avec une maladie du système digestif, ça tombe sous le sens. Mais comme je suis incurable selon eux, peut-être que ce n'est plus nécessaire. Mystère! Il m'est impossible de monter aux barricades, je suis trop faible et j'ai tellement hâte de sortir de l'hôpital pour entreprendre un cheminement pour déjouer toutes leurs statistiques. Vivre! Vivre, voilà le but de ma vie. Vivre!

Donc, j'arrive à m'habiller, à faire ma petite valise, à réunir toutes les fleurs et les pots et j'attends que mon *chum* vienne me chercher. J'ai hâte qu'il arrive.

Sur le chemin du retour à la maison, nous arrêtons à la pharmacie, il y a tellement de pilules à prendre pour diminuer la douleur, non pas du cancer lui-même, mais de la coupure au ventre. Une importante coupure. Impressionnante. Je peine à me tenir sur mes deux jambes. Je suis très faible.

Je suis tellement maigre, je pèse une plume, j'ai de la difficulté à marcher et j'ai l'impression de revenir à la maison après un long, long voyage.

Mais je suis heureuse, je m'endors dans les bras de mon homme.

Le lendemain matin, je veux nous préparer un petit-déjeuner. Ça roule dans ma tête, mais mon corps ne suit pas du tout. Je suis pleine de vitalité, mais elle reste captive à l'intérieur. Je commence à saisir que je viens de subir une grosse épreuve. Deux opérations, c'est beaucoup pour le corps. Puis, ça fait combien de jours que je mange à peine? Plus d'un mois!

Je n'ai plus que la peau et les os. Moi qui ai toujours été très musclée, j'ai la peau toute ratatinée, je n'ai plus de seins. Je n'arrive même pas à marcher droit et quand j'arrive à faire quelques pas pour me déplacer, chaque fois, j'ai l'impression d'escalader le Kilimandjaro. Rien de moins!

Je dois me mettre dans la tête que je suis une femme malade. Malade! Moi, malade!!!???? Quelle drôle de réalité! Elle ne correspond tellement pas à mon image intérieure, à mon énergie, et c'est pourtant le cas.

Je suis heureuse de me retrouver à la maison, après deux semaines dans un hôpital, c'est normal! Je la trouve jolie. Le salon et la salle à manger sont baignés par la lumière du soleil. C'est le début du printemps.

J'ai des amies (le féminin inclut le masculin) qui viennent me visiter. Je suis tellement bien entourée. Il y a mon Laurent d'amour que j'aime tant. Je le connais depuis qu'il a onze ans, c'est le fils de mon Roger d'amour, et sa petite famille dont Isabelle, sa douce et formidable blonde, qui est adorable et ma petite-fille Charlie. Je les adore. Il y a aussi mon amie Isabelle, la brillante et intelligente animatrice, qui me fait boire du champagne. Il y a mon amour et amie Danièle que je croyais avoir perdue et qui a accouru à mon chevet dès que Roger, mon-ami-à-la-vie-à-la-mort, lui a téléphoné. Tant qu'on n'est pas mort, tout est possible! Puis, il y a Alain, mon premier amoureux; Pierre, mon complice de la première heure à la sortie du collège; Jean-Luc, mon père spirituel, ami, philosophe et grand cuisinier, ma sœur, ma mère, mon Roger. Il y a Louise, ma chère Louise, que j'ai rencontrée à la garderie de mon fils. Mélanie, la maman de Sarah, Carole, ma belle-sœur et bien d'autres.

J'ai un cancer incurable, mais je ne suis pas morte, même que je suis drôlement confiante en la vie. J'ai beaucoup d'amies, un amoureux, un fils, je me suis bâti une famille « tricotée serrée ». La vie est belle. Haut-les-cœurs!

Il est maintenant vingt-deux heures dimanche soir. Je suggère à mon amoureux de rentrer chez lui à Montréal parce que la circulation pour aller à son boulot le lendemain sera infernale.

Je vais bien. Il ne peut rien m'arriver. En plus, mon fils est là et demain matin, Mélanie arrive à 9 heures.

Il hésite. Je le rassure. Il me borde et il part.

Il me téléphone pour me souhaiter une bonne nuit et me dire qu'il m'aime.

Je suis heureuse, je suis dans mon lit, je suis vivante et surtout très en amour.

Je m'endors.

Vers vingt-trois heures quarante-cinq minutes, je me réveille. J'ai mal au ventre, très mal au ventre. Je me dis que ça va passer. Mais voilà que ça devient de plus en plus douloureux. Je n'ai plus aucune position dans mon lit. Je me lève, je descends tant bien que mal les escaliers pour aller au sous-sol. Je me dis que si je regarde la télévision, je finirai bien par m'endormir. Ça fait tellement mal que j'en ai de la difficulté à respirer. Je tente de me contrôler, ça va passer, j'en suis convaincue.

Je pratique ce que j'aime le plus quand je regarde la télévision, zapper. J'imagine que je dors un peu; puis, je me réveille.

Vers la fin de la nuit, je remonte à ma chambre. J'ai mal, mais je me demande si je n'exagère pas. Je ne sais plus rien du tout.

Puis, Mélanie arrive. Je pleure, je suis épuisée, j'ai mal.

- Johanne, il faut aller à l'hôpital.

- Non, je suis trop fatiguée. Ça va aller mieux. Je vais tenter de dormir. On verra.

Il m'est impossible de m'assoupir. Je me lève. Je suis pliée en deux.

- Allez, Johanne, je t'emmène à l'urgence.

- Oui, oui, d'accord, mais je ne veux pas attendre à l'urgence. Sinon, je reviens tout de suite.

- Oui, oui, promis, allons-y.

Nous prenons la route. Je ne trouve aucune position confortable dans la voiture. Heureusement, nous ne sommes pas très loin du centre hospitalier.

Même scénario : j'arrive à l'hôpital et je me lance par terre. Les gens doivent penser que j'en mets plus parce que je suis une comédienne. Mais je vous jure que non, je n'en peux plus. J'ai la sincère impression que je vais mourir. Je me roule de douleur.

Je me retrouve au triage, à la vitesse grand V. Prise de température : élevée. La pression : rien ne va plus.

J'enlève mes vêtements. je mets une jaquette. Je reçois une piqure de morphine.

Ouf! Ça va un peu mieux. Je m'assoupis. Je suis mal à l'aise pour Mélanie. Elle ne peut pas rester avec moi, elle a sûrement autre chose à faire.

Je finis par la convaincre que je suis entre de bonnes mains. Puis, mon ange de l'urgence, Josée, est là. Les déesses m'accompagnent. Je passe des tests. Tout est un peu vague dans mes souvenirs. Le brancardier Daniel, précieux Daniel, me promène dans les couloirs de l'hôpital pour aller prendre les tests. Il est adorable avec moi.

Puis, le docteur Marceau, chirurgien de son état, vient me voir à ma civière :

- Madame Fontaine, vous avez une péritonite!

- Une péritonite? C'est quoi une péritonite?

- Votre intestin a une fuite.

- Une fuite?

- Oui, après l'ablation de votre tumeur cancéreuse, votre intestin s'est ouvert.

- Et puis, qu'est-ce que ça fait?

- Bien, vous êtes en train de mourir!

- De mourir?

- Oui, vous êtes en train de vous empoisonner. Je dois vous opérer de toute urgence. Dès qu'une salle d'opération se libère, je dois vous faire une colostomie.

- Une colostomie? C'est quoi ça?

- Je dois vous installer un sac.

- Un sac?

Je ne suis pas certaine de bien comprendre.

- Oui, un sac!

Et je beugle un cri de détresse :

- Non! Non! Ma vie est finie.

Il quitte mon chevet. On m'administre une dose de morphine. Bye-bye... Je dors donc, je me calme.

Que puis-je faire devant une telle fatalité? Je n'ai plus le contrôle. Je ne décide plus de rien. Mon corps a pris le dessus de façon bizarre.

Je me permets un « pourquoi moi? » et un autre « pourquoi moi? ».

Je ne m'arrêterai donc pas de mourir? Ce maudit cauchemar est encore tellement présent.

Je passe la journée à l'urgence, heureusement, complètement assommée par la morphine.

Vers vingt-deux heures, la panique s'installe en moi. Je suis affolée, je n'arrive pas à me contrôler. Ni les anges, ni les déesses, ni la méditation, ni la fréquence cardiaque, ni les pensées positives, ni la morphine, rien ne m'apaise. Je suis vraiment terrorisée.

Ma copine Louise accourt à mon chevet. Douce et forte, elle m'accompagne jusqu'au bloc opératoire vers deux heures du matin. Nous rions, nous badinons. Je déclame du Racine. « Où suis-je? Qu'ai-je fait? Errante dans ce château. Ne puis-je savoir si j'aime ou si je hais? »

Que puis-je faire? Je n'ai plus le contrôle! Difficile pour une femme comme moi qui est toujours en contrôle de tout! Je suis prise dans un tourbillon d'événements. Ça ne s'arrêtera donc jamais?

Finalement, on me dépose sur la table de chirurgie. Puis, plus rien. C'est le vide. Le lendemain matin, je me réveille dans ma chambre. Je me touche le côté gauche, oui, c'est vrai, j'ai vraiment un sac.

Je lui trouve un nom : Freddy. Il n'est pas moi et je ne suis pas lui. Chacun sa personnalité. Chacun sa fonction. Nous tenterons de faire bon ménage. Et voilà que je passe une troisième semaine à l'hôpital. Je retrouve toute l'équipe de la chirurgie. Nicole, la fidèle infirmière, vient faire ma toilette tous les jours. La jeune Bulgare vient la nuit s'asseoir au pied de mon lit et elle me parle tout doucement avec son accent savoureux des pays de l'Est. Stéphanie, France et toutes celles dont j'oublie les prénoms. Elles sont toutes dévouées, attentionnées, débordées, et tellement compétentes.

Le lendemain de mon opération, il fait soleil. Les rayons réchauffent et inondent ma chambre. Je suis contente d'être en vie, il n'est pas question de me laisser abattre. Je m'en sortirai. Je dois m'en sortir, ne serait-ce que pour mon fils. La vie ne va pas lui faire ça. Ah! Non. Toujours les mêmes mots qui tournent dans ma tête, comme un mantra. « Allez, hop la vie et haut-les-cœurs! »

Ils apaisent mon angoisse.

La semaine précédente, j'ai décidé d'aller vers ma lumière et je maintiens ma décision.

Ma chambre est encore pleine de fleurs. Je commence mes journées vers huit heures. Je téléphone à mon bébé Sarah, ma petite copine de deux ans qui s'ennuie beaucoup de moi, sa *Mamijô*. Sa petite voix est suave. Elle commence à parler et à comprendre le principe du téléphone. Je lui souhaite une bonne journée à la garderie. Le lien qui nous unit me calme et me réconforte.

Je reçois encore tellement de visiteurs cette semaine. Toutes mes amies reviennent à mon chevet. Elles m'apportent un petit quelque chose à manger, leur sollicitude, leur tendresse, leur attention. Elles me massent, me font rire, me supportent, me trouvent courageuse. Leur amour et leur empathie ont sur moi un effet considérable, sécurisant et chaleureux.

Je me dis que si je reçois tellement dans un moment comme celui-ci, si les gens tiennent tellement à moi, c'est que je ne dois pas être telle que je m'imagine. L'image de la méchante, de l'énervante, de la personne antipathique, peu intéressante, à laquelle je me suis identifiée depuis des années, n'est peut-être pas vraie. C'est sans doute une perception, mais si je le veux, je peux la changer.

Un ancien amoureux avait réussi à me convaincre que j'étais quelqu'un de pas très apprécié et il me laissait entendre qu'il en comprenait les raisons. Il avait nourri ces sentiments de rejet et d'insécurité qui font partie de mes *patterns* insupportables. J'ai passé ma vie à essayer de les vaincre. J'ai parfois l'impression que ça restera toujours mon talon d'Achille.

Chaque personne a ses luttes et ses victoires. Mais aujourd'hui, curieusement, je peux apprendre grâce à cette épreuve à m'aimer, à m'apprécier et à ne plus me saboter.

Après tout, nous avons appris à être propre, à marcher, à parler, à faire de la bicyclette, à compter, à cuisiner, à conduire, alors pour quelles raisons ne pourrions-nous pas apprendre à nous aimer, à nous percevoir à travers les yeux de ceux qui nous aiment? Plus que jamais, c'est le temps de mettre en pratique tout ce que j'ai appris lors de mon parcours pour devenir coach de vie. Je suis *un diamant aux mille facettes*. Je possède le prodigieux pouvoir de changer les choses et d'améliorer ma situation. Ce n'est pas toujours facile, mais voilà, c'est la condition humaine. La plus belle preuve, c'est que je suis en vie. Et dire que moi, dans un passé pas si lointain, j'ai voulu mourir tellement de fois!

Je ne peux pas me permettre de me laisser aller. Il me semble que ça va assez mal comme ça. Oh! Comme ce serait facile de me laisser aller dans la déprime. Je suis angoissée, mais c'est un état que je connais et là, je me bats pour ma vie! Il ne me reste plus que deux ans à vivre, avec un sac en plus! Surtout, ne pas baisser les bras, ne pas abdiquer.

On ne pense pas chaque jour au temps qu'il nous reste à vivre. Finalement, ça fait beaucoup de bien. C'est bon pour le moral. Je suis une battante vivante, souriante, drôle et en joie.

Je passe une semaine de plus à l'hôpital avec la ronde des infirmières et des auxiliaires qui viennent vérifier mes signes vitaux et me prodiguer des soins.

Je souffre beaucoup d'insomnie, malgré les médicaments et la morphine qu'on m'administre. J'arrive à lire jusqu'à trois ou quatre heures du matin. Je suis sans doute très anxieuse, mais tout se passe dans mon inconscient et je n'éprouve aucune difficulté à me sentir bien. Mon petit Jean-Luc m'apporte de la purée, c'est un aliment réconfortant, la purée. J'ai de la confiture maison, du bon pain, du thé vert, de belles fleurs, et je suis encore en vie! Je suis obligée de prendre le temps calmement. Je respire.

Puis, un matin, j'éclate. Je suis épuisée, je n'en peux plus. Tous les matins vers six heures, les infirmières entrent dans ma chambre en disant haut et fort :

- Madame Fontaine, bonjour madame Fontaine, nous venons prendre vos signes vitaux.

Je viens de m'endormir enfin. Mais qu'elles les prennent mes signes vitaux, elles n'ont pas besoin de me réveiller pour ça. Elles peuvent prendre ma température et faire mes prises de sang sans me réveiller. Elles viennent de toute façon plusieurs fois par jour, mais me réveiller tôt comme ça le matin, je n'en suis plus capable. C'est curieux, le personnel infirmier parle toujours très fort comme si les patients étaient sourds! Est-ce pour rassurer les patients qu'ils ne sont pas morts? Pourquoi est-il nécessaire d'avoir un si haut volume de voix? J'estime que c'est un manque de respect. Curieux que ce ne soit pas une règle, très curieux.

Bon, nous ne sommes pas là pour faire la révolution, mais bien pour guérir. Donc, un matin, je craque, j'éclate et je pleure. Je pleure jusqu'à ce que mon ange Josée entre dans ma chambre. Elle arrive de l'urgence et toujours au bon moment. Elle me chouchoute, me réconforte, me calme. Elle décide d'installer une pancarte sur la porte :

S'il vous plait, parlez tout doucement.
Ne réveillez pas madame Fontaine.
Merci de votre attention.

Chaque problème trouve sa solution. Ça m'aide, je ne me fais plus réveiller.

J'ai une chambre ensoleillée et privée en plus. C'est un cadeau de ma maman. Je l'apprécie tellement.

Le bord de la fenêtre est tout fleuri. C'est serein.

Je ne rêve pas de rester en vie, je ne le souhaite pas, *je le décide*, c'est beaucoup plus fort. Je crois que l'impact est plus profond et qu'il crée le mouvement essentiel vers la guérison.

Le jeune anesthésiste vient prendre de mes nouvelles. Il est tout étonné de me trouver assise dans mon lit. Je suis souriante, joviale et débordante d'humour. Mais à quoi s'attendait-il? Trouver une femme éplorée, souffreteuse et en larmes?

Non monsieur, ce n'est pas ce que j'ai décidé. Je crois profondément que j'ai le choix. Puis, est-ce que c'est moi? Je ne sais plus si je suis dans cette réalité. C'est tellement difficile à concevoir : un cancer incurable, un sac! Non, mais quoi encore?

C'est complètement irréel. Suis-je dans le déni? Où suis-je? Ici, toujours en vie! Même s'il ne me reste qu'un an ou deux à vivre!

Je n'ai plus de temps à perdre. Oh non!

Les jours passent. Puis, mon chirurgien vient faire sa ronde :

- Madame Fontaine, voulez-vous sortir de l'hôpital?

- Et comment donc! Ça fait presque trois semaines que je suis ici. Oui, je voudrais vraiment rentrer chez moi.

- Très bien, mais il va falloir que vous vous occupiez de Freddy.

Ah oui! Freddy. Je ne l'ai même pas regardé depuis l'opération. Je ne l'ai encore jamais vidé moi-même. Je me suis toujours détourné la tête quand les infirmières le faisaient.

La réalité est là et il me faut y faire face. Mais oui, c'est ça ma vie. Ce n'est vraiment pas toujours facile, mais j'aime mieux cela que d'être morte. Non? Oui! Mais, je ne peux pas m'empêcher de pleurer.

Alors, une jeune et gentille infirmière fait un marché avec moi.

Je pleure aujourd'hui tout ce que j'ai à pleurer et, demain matin, nous prendrons tout le temps qu'il faut pour apprendre comment prendre soin de mon nouvel ami que je n'aime pas beaucoup, mais qui me sauve la vie! Qui dit que les paradoxes n'existent pas? Ai-je été dans ma vie ailleurs que dans des contradictions? J'entends mes amies répondre en chœur : « Non! »

Eh! Bien, je ne suis sûrement pas morte parce que je vous jure que ce Freddy, je le déteste. Voilà, c'est dit et je n'ai pas fini de le haïr parce qu'il m'en fera voir de toutes les couleurs. C'est le cas de le dire, je suis dans la *merde*! Ce n'est pas une figure de style. Dans la *merde*, non pas jusqu'au cou, mais pas loin.

Je ne veux pas m'apitoyer sur mon sort, mais là, la pilule est difficile à avaler. Qu'ai-je fait pour que la vie m'envoie une épreuve de cette envergure? Qu'ai-je fait? Je respire dans mon questionnement, dans mon désarroi. Ce qui est vrai, c'est que si je n'éprouvais plus rien, je serais morte.

L'après-midi passe lentement. Mon amoureux me rend visite en soirée. Pauvre homme, il part du centre-ville. Nous soupons ensemble. Il me remonte le moral, il m'aime! C'est d'amour dont j'ai besoin. Et je suis capable de le recevoir en toute simplicité.

Les heures coulent tout doucement, encore une nuit d'insomnie.

Voilà, j'y suis. Fini de faire l'autruche. C'est ce matin que je fais vraiment connaissance avec mon nouvel ami Freddy. Surtout, je ne dois jamais perdre de vue qu'il m'a sauvé la vie. *Il m'a sauvé la vie.* Que dis-je, il me sauve la vie! Je me répète cette phrase inlassablement.

Puis, qu'est-ce que je peux faire d'autre? Me rouler par terre? Pleurer? Hurler? Qu'est-ce que ça changerait? Ainsi va mon destin. Une autre épreuve à surmonter. Allons-y, hop la vie!

Je vous épargnerai les détails. Il faut enlever la collerette, apprendre comment la recoller, c'est simple! La façon de nettoyer le sac. Ouache! C'est insoutenable!

Ai-je vraiment des commentaires à faire sur la colostomie en tant que telle? Cette espèce de trou que j'ai sur le ventre... Ne jamais oublier de respirer par le nez.

CHAPITRE 3

Les choix

Voilà, j'ai réussi. Je suis autonome. Je peux enfin sortir de l'hôpital.

Me voici dans ma nouvelle vie. Je suis une femme malade. Mon avenir est complètement hypothéqué, il me reste si peu de temps si je crois ce que les autorités médicales me disent. Qui a raison? Le corps médical ou ma décision de vivre et ma prise en charge personnelle?

Mon corps n'a plus rien d'attirant. Je suis comme une vieille dame. Je sais de quoi j'aurai l'air si je vis plus vieille. Et mon amoureux qui m'aime tant. Il ne m'a pas quittée. Nous nous connaissons depuis à peine deux ans. Il n'a pas pris la poudre d'escampette. Il m'aime vraiment. Le désir est plus fort que l'apparence physique. L'amour est plus fort que les défaites. Mais du coup, nous ne sommes plus un couple, nous sommes un quatuor. Le cancer s'installe dans notre vie et Freddy prend tellement de place.

Je n'ai plus le contrôle. Je suis à la merci de qui accourt à mon chevet.

Je ne peux plus voir la vie de la même manière.

Si je le veux, je peux renaître. Je n'ai plus de passé, de présent, ni d'avenir. Tout s'entremêle. J'ai tous les âges en moi. J'ai toutes les énergies. Tout le bon, tout le mauvais. Si je prends du recul, je peux voir du positif dans le négatif. Ça m'a toujours beaucoup apporté dans ma vie.

Et toutes ces amies que je retrouve. Nos liens d'amitié sont si forts. Je sais qu'on parle de passion amoureuse, mais je suis convaincue maintenant que la passion en amitié existe aussi. Elle m'est nécessaire, plus que jamais. J'en ai besoin comme l'air que je respire. Je suis revenue à la case départ. Je ressors une deuxième fois de l'hôpital, encore moins autonome que la première fois.

J'ai dans les mains un horaire de deux semaines : matin, midi et soir. Les amies qui viendront à mon chevet, me tenir compagnie, me préparer des repas, me réprimander parce que je ne dors pas assez, et surtout parce que je bouge trop. Autant d'hommes que de femmes. Et moi qui ne veux pas être malade, moi qui veux retrouver la forme, c'est trop long. J'aimerais passer à autre chose. Mais mon corps doit prendre le temps de se rétablir et de vivre sa convalescence. Je n'ai pas trop le choix de le respecter, c'est vraiment lui qui décide.

Un midi, je suis avec Mélanie, attablée devant un goûter appétissant. Nous mangeons. Oh! Quel plaisir! J'adore. Je suis une gourmande, j'aime les belles tables bien invitantes, la bonne bouffe et je suis gâtée. On m'apporte une purée, me prépare des salades savoureuses et *tutti quanti*. L'appétit est revenu. Je mange, je me régale, donc je vis! Manger devient un moment de gratitude et de méditation.

Quelqu'un frappe à la porte. Mélanie va ouvrir, car je ne marche pas assez vite, je suis trop faible. Il y a quelques marches à descendre pour atteindre la poignée de la porte, cela m'est impossible pour le moment. C'est d'autant plus difficile à croire, moi qui ai toujours été si dynamique, toujours juste sur une jambe! Surtout, je ne dois pas m'apitoyer sur mon sort. Je dois toujours tout remettre en contexte. J'ai subi trois chirurgies en très peu de temps (une hystérectomie, l'ablation d'une tumeur cancéreuse sur le côlon et, pour couronner ce cocktail, une colostomie).

Je viens à peine de sortir de l'hôpital, avouons que c'est normal de se sentir diminuée, mais ce ne sera pas éternel. Je ne suis pas à l'agonie, je suis en convalescence. Je ne dois jamais perdre cette perspective de vue. Je suis en vie, mais en convalescence, pas mourante, en convalescence! Ça finira bien par me rentrer dans la tête.

Premièrement, je dois vivre le moment présent. Il fait beau, le soleil inonde la salle à manger. Les violettes africaines sont resplendissantes, le jasmin embaume et même l'hibiscus tout en fleurs témoigne de la vie. Elles se sont donné le mot, elles aussi, pour m'accueillir. Les vases débordent de bouquets dont les arrangements colorés créent un spectre de couleurs fort appréciable. C'est absolument magnifique! Je m'abandonne à tant de beauté. J'ose m'identifier à tout ça.

Comme une méditation active, je plonge allègrement dans ma source profonde. Je dois trouver ma force de guérison. Et si je ne mourais pas. Je ne suis pas en forme, c'est vrai, mais ce n'est pas le cancer qui me fait souffrir. D'ailleurs, je ne souffre pas. Je suis affaiblie certes, les points de suture, ce n'est pas ce qu'il y a de plus confortable et il y a Freddy. Et, bien sûr, Freddy, c'est Freddy. À ce stade-ci, je suis loin de soupçonner tout ce qu'il va me faire subir. Il va en prendre de la place, croyez-moi.

Donc, ça frappe à la porte. Mélanie va ouvrir. L'infirmière du CLSC, précieuse Lyette, fait son entrée dans ma vie.

Je suis bien contente de ne pas être au lit. Je l'invite à se joindre à nous. Elle veut bien s'asseoir avec nous, mais elle décline l'offre de partager notre repas. Elle m'informera plus tard qu'elle n'en a pas le droit. Les règlements...! J'ai bien de la difficulté à comprendre, mais les institutions, ce sont les institutions. Enfin, passons outre. Je ne cède pas à la colère et je ne cherche pas à dénoncer quoi que ce soit. Je suis dans l'accueil, dans l'amour et le partage.

Donc, première rencontre avec l'infirmière du CLSC. J'ai besoin de soins tous les jours pendant un certain temps pour nettoyer les pansements de mes points de suture.

Je l'informe que je semble gentille comme ça, mais que je suis très exigeante, surtout avec les personnes qui partagent mon intimité. Et j'avoue que j'ai des préjugés envers les employés des CLSC à cause de mon expérience dans un centre communautaire. Mes rapports avec les travailleuses sociales ont toujours été assez houleux. Est-ce vraiment la place et le moment de vous en parler?

Toujours est-il que je rencontre Lyette dont j'aime tout de suite la personnalité. Je lui précise que je ne suis pas une habituée de ce genre de services, que j'accepte la réalité que je vis, mais que ce n'est pas nécessairement facile pour moi. Je l'avise que je préférerais ne pas me faire parler en bébé. Je n'accepterai aucune condescendance. Je privilégie les rencontres stimulantes et je souhaite que nous devenions des complices, dans la mesure du possible, surtout, dû au fait qu'elle va pénétrer dans mon intimité.

Les soins me seront prodigués dans ma chambre. Je suis à sa merci totale. C'est elle qui va m'amener vers une autre étape de ma vie, qui va m'apprendre à apprivoiser mon nouvel ami, ce *cher* Freddy, qui va sans doute en écoper lors de moments de découragement et de désespoir. Je garde la tête hors de l'eau, je suis positive, comme jamais je ne l'ai été, mais je ne suis pas invincible.

Lyette est une femme intelligente et sensible. J'aime sa présence à mon chevet. Nous avons des conversations passionnantes sur la vie, la maladie, la mort. Elle est merveilleuse pour m'aider à lutter contre le désespoir parce qu'il y a des moments où ma confiance s'effrite. J'ai peur, c'est normal.

Nous parlons beaucoup du choix de l'attitude à adopter avec la maladie et de l'importance du moment présent. Il ne faut surtout pas présumer, inventer des histoires, mais profiter de chaque moment.

Oui, je suis affaiblie et bien loin d'être autonome, mais je suis si bien entourée. Ai-je déjà été autant aimée de ma vie, aussi appréciée? Et ce qu'il y a de plus important, c'est que je suis en train d'apprendre à recevoir. Ça me fait beaucoup pleurer. Je ne suis pas tellement habituée à cela. D'habitude, c'est moi qui donne, car j'ai tellement toujours eu peur d'être abandonnée, tellement besoin d'être aimée, tellement ressenti le besoin d'aider mon prochain. Mais je n'ai jamais appris à m'aimer, à m'apprécier, à prendre soin de moi. Tout a toujours été dirigé vers l'autre. L'altruisme, c'est une qualité, non?

Je suis une amoureuse, amoureuse de la vie, de mes amies, de mes enfants, de mes amoureux, mais le suis-je de moi-même? Je n'ai plus le choix de recevoir. J'apprends à me calmer. J'apprends à profiter du moment présent, le répéterais-je jamais assez? Tout est là, je crois, dans l'amour et le partage. C'est tellement évident maintenant pour moi. Ça crée un mouvement beaucoup plus naturel : donner et recevoir, donner et recevoir. Voilà ce qui devrait être normal et ce qui est essentiel. Voilà ce qui est sain, recevoir!

CHAPITRE QUATRE

La sérénité

Mon cancer, *non, ce n'est pas mon cancer, c'est le cancer*. Je ne suis pas mon cancer, lui et moi ne sommes pas la même entité. J'identifie l'ennemi pour mieux le combattre, bien lui faire face. Il devient comme un cadeau dans ma vie. Il m'entraîne dans mon ultime peur, celle de mourir. Mais voilà, il s'agit là d'une finalité inévitable! Comme on meurt qu'une seule fois, je préfère mourir avec panache! Je ne veux pas que ce soit ordinaire. Cela étant dit, je ne me sens pas sur *le* point de mourir, bien au contraire, je suis très loin de l'agonie. J'ai l'impression que je n'ai jamais été si heureuse, confiante, dynamique et positive.

Je suis obligée de recevoir, obligée de prendre le temps, et cela, sans m'étourdir dans toutes sortes de projets. Je prends soin de moi sans aucune culpabilité. Je suis entourée d'amour. L'amour! Qu'avons-nous besoin de plus que d'amour? D'argent, mais en ce moment, la question ne se pose même pas. Il m'en reste un peu. Bien entendu, être malade n'a jamais enrichi personne, c'est pire encore, pour les travailleurs autonomes.

J'ai du temps pour éprouver de l'angoisse et de la peur. Par contre, j'ai encore plus de temps pour les transcender.

C'est comme si la vie était simple. Mon objectif est clair et fondamental, *je veux vivre*. Un point, c'est tout! Je possède ce dont j'ai besoin, les capacités et les ressources. Je suis apaisée par la présence accueillante et rassurante de toutes ces personnes qui m'aiment et qui mettent tout en œuvre pour m'aider à m'en sortir. Je suis tout le contraire d'une personne abandonnée. C'est un baume pour mon moral, une énergie qui m'est nécessaire, qui me calme. Je prends le temps de compter mes bénédictions. J'entretiens un profond sentiment de gratitude.

Je ne suis plus à la recherche du bonheur. Je choisis la sérénité. Oui, c'est ça, la sérénité. Ça me permet de rencontrer le bonheur et son contraire plus simplement, plus profondément, plus lucidement, sans débordement et avec autant d'intensité. La sérénité est moins décevante que l'est parfois la quête du bonheur. La sérénité me permet de franchir les épreuves avec plus d'insouciance. Justement avec ce qui m'arrive, heureusement que je comprends et choisis cette avenue. À la sérénité, je rajoute la joie. Vivre en état de joie, cultiver la joie à chaque moment du jour, avec chaque personne que j'ai la chance de recevoir à la maison, à chaque repas, à tous les moments.

Et surtout, surtout célébrer! Célébrer la vie qui circule dans mes veines, célébrer la nature si réconfortante qui s'offre à mon regard, à tous mes sens, sources de spiritualité intense, célébrer les rencontres, célébrer tout simplement comme nous le faisons très rarement, happés que nous sommes par le quotidien. Prendre le chemin de la reconnaissance pleine et entière de pouvoir se loger, manger, aimer et vivre. Nous avons tendance à tout tenir pour acquis. C'est fou comme la perspective de mourir permet de vivre tout simplement et, pourtant, depuis notre naissance, nous nous dirigeons inéluctablement vers la mort. La routine de la vie nous fait oublier le privilège que nous avons seulement d'être là, présents, à l'instant même. Quelle magie!

Retrouver la prière, j'avais oublié ses bienfaits avec le temps. Je suis incapable de m'en remettre à Dieu ou à une quelconque religion monothéiste. Cette figure du mâle fondateur continue de m'agresser profondément, c'est ce qui me reste de plus ancré de mon allégeance de féministe. Toutes ces religions, encore de nos jours, qui restreignent tellement les droits fondamentaux des femmes. Je ne peux pas, trop de colère et de révolte montent en moi.

Je m'abandonne et je m'en remets à toutes ces déesses dont on a oublié les noms, omis de prendre le temps de remercier, de vénérer, de prier, tout naturellement. J'implore toutes les déesses du ciel et de la terre d'accompagner mes jours et mes nuits et de m'amener vers la guérison et la rédemption de ce cancer qui a trouvé refuge dans mon corps.

Je pousse le jeu jusqu'à m'inventer deux anges : un du côté droit et un du côté gauche. Ainsi je me sens soutenue, je suis une équipe. Toute une équipe! Nous sommes invincibles... peut-être! Et si ça fonctionnait! Je crois que le jeu en vaut la chandelle. Nous sommes toutes unies à ma force pour me sortir de cette impasse. Et si c'était vrai que nous possédons une force de guérison à l'intérieur de nous? Si c'était vrai? Tous ceux et celles que je pourrai aider si je m'en sors vainqueure... Avec une équipe comme celle-là, pourquoi pas?

Le printemps arrive tout tranquillement. D'abord les crocus, puis les tulipes, les couvre-sols. Une merveille! Bientôt, les arbres fruitiers seront tout en fleurs, le pommetier et les trois cerisiers. Je me love dans ce renouveau, je deviens cette renaissance, je suis printemps. Qui a dit que la méditation ne peut pas prendre toutes sortes de chemins? Voilà le mien, je suis méditation, je suis visualisation, je suis joie et je suis sérénité. Je m'abandonne aux déesses du ciel et de la terre et je vais à la rencontre de la divinité en moi.

Voilà, je ne dois pas me recroqueviller. Bien au contraire, je dois m'ouvrir et faire circuler les énergies, les libérer pour créer une fluidité, défaire les nœuds et danser. Danser, c'est ça créer le mouvement, prendre le temps de m'exprimer par la danse comme un hymne à la vie.

Et la vie continue!

Je décide de vendre ma maison. C'est fini pour moi la banlieue. J'y vis depuis douze ans, il est maintenant temps que je regagne la ville. J'ai été très heureuse dans mes plates-bandes, à m'occuper de mes fleurs, à créer un jardin chez Mélanie et chez Roger, mon Roger, à recevoir, à nettoyer la piscine, mais la vie m'amène ailleurs. Je n'ai pas de regrets. J'aborde une autre étape. Dès que je pourrai conduire la voiture, et c'est long à cause des médicaments contre la douleur, je m'installerai à Montréal avec mon amoureux.

Je suis le courant et je suis convaincue maintenant que la vie n'est pas un long fleuve tranquille. Ce qui est vrai un jour risque de ne plus l'être le lendemain. Nous avons intérêt à être flexibles et ouvertes. Je dirais même curieuses! Oui, c'est ça, curieuses beaucoup plus qu'angoissées par l'avenir. Je trouve cette attitude dorénavant plus confortable et moins étouffante. J'essaie chaque jour de ne plus appréhender l'avenir, de ne plus présumer de l'avenir. Est-ce plus facile parce qu'on te dit qu'il ne te reste que deux ans à vivre? Oui, sans doute. Toujours est-il que je me laisse aller toute à la joie d'être encore en vie. Je m'abandonne à l'épreuve que la vie m'envoie. Je suis chanceuse finalement, j'affronte positivement une expérience qui va changer le cours de ma vie. Quoiqu'il arrive!

J'arrive à m'aimer tout simplement, enfin! Je sais que je ne suis pas parfaite, mais ça ne me dérange plus. Je suis moins sensible à ceux qui ne m'aiment pas et je carbure à l'affection de toutes ces personnes qui m'aiment sincèrement. Cet amour me soulève, me procure une énergie que je ne savais pas posséder, une belle leçon sur les capacités insoupçonnées qui nous habitent.

Quand je suivais ma formation de coach en PNL (Programmation neuro-linguistique), il y avait un exercice qui s'appelait : *Se voir à travers les yeux de quelqu'un qui nous aime*, c'est-à-dire, observer, identifier, choisir et recadrer les qualités que les personnes qui nous aiment ont su déceler en nous. Cette expérience nous donne automatiquement de la valeur. Il m'a fallu expérimenter un cancer pour découvrir le trésor que je suis. Finie l'attention accordée à ce que je n'ai pas. Je suis dans l'allégresse et la reconnaissance de ce qui m'appartient matériellement, spirituellement et plus encore. Je suis en état constant de gratitude.

Était-il nécessaire de passer par l'épreuve pour ***renaître***? Mon destin m'amène là. Que faire? Surtout, ne pas mourir.

Toute à ces grandes émotions et ces grandes réflexions, le ronronnement de mon quotidien continue avec d'autres vérités, d'autres réalités, d'autres actions.

Et me voilà arrivée à une autre réalité du monde des cancéreux : la chimiothérapie!!! Le corridor du troisième étage de l'Hôpital du Sacré-Cœur de Montréal. Il y a beaucoup à dire sur le système de santé au Québec comparativement à d'autres comme ceux de la France, de l'Allemagne et de la Chine. Il est certain qu'ici, nous sommes devant un mur de croyances difficiles à défaire. Nous sommes privées de beaucoup de médicaments et d'autres matières aidantes pour vaincre le cancer. L'organisation des soins est réglée par des réunions de fonctionnaires qui tentent de sauver de l'argent et qui de plus semblent très peu à l'écoute des suggestions des comités des malades. Mais actuellement, ce n'est pas mon propos, du moins pas maintenant. Et puis, ce n'est pas moi qui ferai la révolution. Malheureusement, je n'en ai pas l'envergure.

Donc, avril 2010, accompagnée d'Isabelle, sage-femme qui m'a assistée il y a vingt ans à la naissance de mon fils adoré, tient aujourd'hui ma main pour ma première rencontre avec l'oncologue.

J'arrive avec plusieurs questions dans ma besace. Si je suis condamnée, à quoi va servir la chimiothérapie? À prolonger ma vie et me donner une qualité de vie. Intéressant!

Est-ce qu'elle va tuer les métastases? Peut-être pas, mais elle va sans doute les ralentir, on ne sait pas vraiment. Une chose est certaine : mon cancer est incurable! Et vraiment, l'oncologue y tient. Gens de peu de foi! Pour ce type de cancer, l'espérance de vie est de deux ans. Encourageante la dame! Et la confiance envers toutes les recherches sur le cancer?

Je recevrai de la chimiothérapie palliative contrairement à de la chimiothérapie curative. Le mot *palliatif* me donne des frissons. Je me souviens de mon cauchemar aux soins intensifs de l'hôpital 10-9-8-... Le compte à rebours a vraiment commencé!!!??? J'ai le vertige! L'oncologue précise que je vais donc recevoir des traitements toute ma vie. Toute ma vie? Que me reste-t-il? Deux ans! Je respire par le nez... surtout, ne pas paniquer. Lui donner le moins d'emprise possible. Ce dont elle me parle, ce sont des statistiques, et je ne suis pas une statistique. Je suis moi, et moi, je n'ai pas l'intention de me laisser impressionner. Je me répète inlassablement que *tant qu'il y a de la vie, il y a de l'espoir!* Le temps est à la sincérité et à l'authenticité, finies les paroles en l'air!

Je n'ai jamais autant aimé la vie comme je l'aime maintenant. Je ne vais pas baisser les bras. Il est hors de question d'être en proie à l'angoisse, à la peur, ni d'être assaillie de pensées négatives. Oh que non! Il me semble que le cancer se nourrit de ces faux jetons. Je vais lui tenir tête et le faire mourir de faim.

Quels seront les effets secondaires? Un picotement dans les mains et sans doute dans les pieds, des aphtes et peut-être un goût métallisé dans la bouche, une intolérance au froid, de la fatigue à plus ou moins long terme, des nausées... voilà en gros ce qui m'attend. Ah! Oui, bonne nouvelle, je ne perdrai pas mes cheveux. C'est un traitement palliatif. C'est fou comme je suis chanceuse! Je me voyais déjà avec toutes sortes de perruques, de tous les styles et de toutes les couleurs. Je suis un peu déçue! Mais, ce n'est surtout pas le moment de me plaindre.

La fréquence des traitements : toutes les deux semaines à l'hôpital.

Bon d'accord, mais moi, je veux jouer dans la reprise de *Sauce Brune* de Simon Boudreault. Nous commençons à répéter en juillet et nous jouons à la fin du mois d'août, durant trois semaines. Puis, comme je n'ai plus de temps à perdre, j'ai décidé que je partais pour Paris et Venise en octobre avec mon amoureux. Est-ce que les traitements vont m'en empêcher? Pas du tout. On fera une pause. Fiou!

On va m'administrer du *Folfox Avastin*, voilà mon protocole dans le jargon médical.

Puis, la cerise sur le sundae, comme on dit, je dois subir une toute petite chirurgie! Encore? Hé oui! Elle servira à m'installer un *port-o-cath* juste au-dessus du sein droit pour faciliter la prise de médicaments. Ai-je vraiment le choix? C'est ça, sinon on m'installe un truc dont j'oublie le nom qui m'empêchera de me baigner et qui me compliquera la vie pour prendre une simple douche ou un bain. Donc, la question ne se pose même pas. Je ne suis pas au bout de mes peines. On y va pour l'opération légère et me voilà avec un implant. Je n'ai rien à envier aux jeunes qui se font faire des implants sur le corps. Dans mon cas, ce n'est pas très joli, mais bon, je ne vais pas devenir folle pour ça. Comme j'ai la peau du ventre comme un parchemin avec toutes sortes de cicatrices, je dois accepter cette nouvelle réalité, je suis une femme malade qui doit recevoir des soins. Ciel, ô ciel!

Dois-je être accompagnée? Non, je peux venir seule. Oui, je peux conduire ma voiture par la suite. De toute façon, les salles sont tellement petites, si tous les patients étaient accompagnés, il n'y aurait pas assez d'espace. Puis, le processus est tellement long : arriver vers 7 heures pour la prise de sang, attendre les résultats pour que les infirmières décident si nous sommes en mesure de recevoir le cocktail puis, finalement, s'assurer que le liquide maudit et salvateur coule dans nos veines. Je ne suis pas sortie de là avant quatorze ou quinze heures.

À travers tout cela, comment est-ce que je fais pour gagner ma vie? Mystère et boule de gomme! Il me semble qu'on ne parle jamais de l'appauvrissement des cancéreux et de leurs familles. Nous entendons parler de la recherche, mais qu'arrive-t-il aux malades?

J'apporte mon lunch, car je n'ai pas le droit de sortir du corridor de la chimiothérapie, et un bon roman. De toute façon, je dors en grande partie.

Les infirmières sont absolument adorables. Ma préférée est Sylvie. Je tente toujours d'être dans sa salle. Je me sens en sécurité avec elle et je sens que nous avons de l'affection l'une pour l'autre.

Et que dire de tous les bénéficiaires qui, comme moi, se présentent à l'hôpital toutes les deux semaines ou toutes les semaines? Il y a ceux et celles qui sont pleins de lignes rouges sur le corps et qui sont prêts à recevoir la radiothérapie. Ça, c'est l'extra lorsqu'une personne est curable. Il y a autant d'hommes que de femmes. Nous nous racontons nos histoires de cancer. Les diagnostics, les opérations, les séjours à l'hôpital, tous les changements dans nos vies et, ce qui est remarquable, c'est que nous avons tous confiance de nous en sortir.

Nous cultivons tous et toutes notre bonne humeur et notre gratitude d'être encore en vie et d'être entourés de tous ceux que nous aimons soit nos conjoints, nos enfants, notre famille et nos amies. Nous pouvons voir à l'œil nu ceux qui vont de mieux en mieux. C'est facile, leur teint est le meilleur indicateur. Il y a ceux et celles qui ont le teint rose et d'autres qui éprouvent plus de difficultés, ont le teint gris. Heureusement, les gens ont en moyenne cinquante ans. J'avoue qu'il serait difficile de côtoyer des jeunes. Personne n'a le goût de se retrouver dans cette aile de l'hôpital. Mais espérons que tous les millions de dollars qui ont été investis dans la recherche contribuent à nous sortir de ce cauchemar. Les oncologues n'ont pas l'air trop convaincu, mais nous les cancéreux ne sommes-nous pas là pour faire mentir les statistiques?

Fait encore plus étrange : une personne sur trois a le cancer et d'ici quelques années, ce sera une personne sur deux. Alors, comment expliquer que les oncologues ne soient pas plus confiants quant aux progrès des recherches sur le cancer? Qu'ils ne soient pas plus ouverts aux médecines dites alternatives? Qu'ils ne soient pas plus nombreux à dénoncer tous les éléments cancérigènes contenus dans la nourriture, dans l'air que nous respirons, les produits que nous utilisons pour fonctionner, les ondes courtes et *tutti quanti*? Pourquoi est-ce que l'Institut national de santé publique n'a pas investi davantage pour enrayer tout ce qui nous tue à petit feu? Les cigarettes sont bien cachées derrière les comptoirs. Pourquoi les produits cuisinés et congelés dans les supermarchés ne sont-ils pas consignés eux aussi?

C'est comme crier dans le désert. Est-ce parce que le lobbying des compagnies pharmaceutiques est trop puissant? Parce que les multinationales n'ont pas de cœur? Parce que certaines personnes qui possèdent l'argent ne respectent pas les autres êtres humains? Parce que c'est la fin du monde? Tant de questions, si peu de réponses.

Il y a quelques mois, j'ai été approchée par une coalition qui dénonce des méthodes et propose des solutions pour enrayer le cancer de nos vies. J'ai été pressentie comme porte-parole pendant quelques mois, jusqu'à ce qu'elle constate que je posais beaucoup trop de questions, sans doute sans véritable réponse, mais j'apportais des pistes de questionnement, de solutions et de dénonciations. Cela dit bien humblement et avec tout mon cœur. Ils m'ont gentiment demandé de me retirer. J'imagine que le conseil d'administration préférait avoir une poule pas de tête pour lire leurs discours écrits d'avance et surtout, ne rien véritablement bousculer pour tenter de faire bouger les choses.

J'insiste sur le fait que qu'il est curieux que l'approche des oncologues et des chirurgiens ne soit pas plus holistique, *surtout* de la part des jeunes médecins. J'arrive à saisir que leur éducation est essentiellement scientifique, mais quand on choisit un métier, ne réfléchit-on pas à sa portée? Comment font-ils pour faire fi de toutes les études sérieuses prouvant que l'humain a une faculté d'autoguérison qui peut être stimulée par la méditation, la visualisation, la relaxation, le yoga, l'acupuncture et quoi encore?

Pourquoi ignorer que les naturopathes peuvent nous guider vers une alimentation adéquate qui peut nous aider à guérir? C'est vraiment dommage et, pour moi, c'est un manquement à leur code d'éthique. Ils ne prennent pas tous les moyens pour que les malades s'en sortent. N'ont-ils pas conscience de l'influence qu'ils exercent sur leurs patients? Je déplore leur manque de curiosité intellectuelle et je trouve profondément dommage que les jeunes oncologues, hommes ou femmes, perpétuent cette politique de contrôle absolu de la vérité. Je crois sincèrement qu'ils seraient les mieux placés pour amener les individus aux prises avec cette terrible maladie à s'engager et à proposer toutes sortes d'avenues possibles pour s'aider à guérir et survivre.

Ce n'est pas un nouveau cheval de bataille pour moi, mais je ne me gênerai pas pour tenter d'influencer mon jeune oncologue que j'adore. Il est profondément humain et nous avons établi une complicité hors de l'ordinaire. C'est lui que j'ai choisi après en avoir rencontré trois de la même équipe. J'ai besoin de voir toujours le même. Besoin de créer des liens affectifs et profonds. Ces rencontres sont sans doute une routine pour eux, mais pas pour moi. Oui, en effet, c'est une partie importante de ma vie, j'ai un oncologue comme j'ai un enfant, un *chum*, une sœur. Ça fait partie de moi, de ma réalité, de mon quotidien et je serai en relation avec cette personne jusqu'à la fin de mes jours. Il fait définitivement partie de ma vie. Donc, je dois faire son éducation, ce ne sera pas facile.

Deux jours après mes traitements, je dois me rendre au CLSC près de chez moi pour faire enlever le fameux biberon de chimiothérapie et procéder à l'irrigation de mon *port-o-cath*.

C'est un cauchemar! Quand je pense qu'on organise des colloques dont le thème est *Comment mourir dans la dignité*. Il est urgent qu'il en existe un *Comment être malade dans la dignité*! Toutes les deux semaines, je me rends donc à mon CLSC, une routine qui peut sembler anodine, mais pour la bénéficiaire que je suis, ça devient un événement qui me place dans une catégorie à part, qui me confirme que je suis une femme malade.

Souvent, quand j'arrive au CLSC, je suis en détresse psychologique. J'aurais besoin d'être reçue par une infirmière d'une équipe de trois ou quatre. Je comprends que je n'ai pas droit à une infirmière attitrée à mon cas, mais tout de même, pas une infirmière totalement différente à chaque traitement. Ça m'insécurise au plus haut point.

Je vous jure que la déshumanisation des services est absolument désolante. Les fonctionnaires assis autour d'une table dans une de leurs nombreuses réunions pour décider des règlements semblent ignorer totalement les réels besoins de la population souffrante. Comme je ne détiens quelque pouvoir que ce soit pour changer les choses, je suis donc confrontée toutes les deux semaines à mes démons, mes peurs, mes angoisses et, bien sûr, à une très grande solitude. Mais si j'éprouve tant d'émotions, c'est que je suis en vie! Encore en vie! Alléluia! Est-ce là une preuve de résilience?

Et ma vie continue son petit bonhomme de chemin.

CHAPITRE CINQ

Célébrer

Entre-temps, j'ai déménagé à Montréal, je commence à répéter pour la reprise de *Sauce Brune*.

Et les effets secondaires? Je suis la plus chanceuse des cancéreuses que je connaisse! Les doses de chimiothérapie me donnent une énergie du diable. Personne n'arrive à me suivre tellement je suis débordante d'énergie, même trop! Je suis obligée de téléphoner à mon infirmière pivot au bout de trois traitements parce que je pète le feu et que je n'arrive pas à dormir pendant quasi trois nuits. Trop d'énergie! C'est sans doute à cause des quatre pilules de *cortisone* que je dois prendre durant deux jours après mon traitement. Elles servent à atténuer les effets secondaires et empêcher les nausées. Qu'à cela ne tienne, les doses sont ajustées.

Que dire des engourdissements et des picotements dans les mains et un peu dans les pieds? Ça me réveille la nuit, je deviens complètement engourdie. Impossible pour moi de prendre à main nue tout ce qui est congelé. Quand je vais au supermarché, je dois demander à de bonnes âmes de me donner les jus congelés. Éplucher des pommes de terre? Impossible, c'est trop froid. Je me brosse les dents avec de l'eau tiède plus chaude que froide. Elles sont hypersensibles au froid. Les ulcères dans ma bouche m'obligent à changer de pâte dentifrice, la menthe crée des brûlements. J'en trouve à la *calendula* dans un magasin d'alimentation naturelle qui est non seulement délicieuse et efficace, mais qui ne me fait pas souffrir. Impossible pour moi de manger quoi que ce soit de froid, comme une glace, car ce qui devrait s'avérer être un moment très agréable, ne l'est plus du tout.

Heureusement que le vin se boit quasi à la température de la pièce parce qu'il fait partie maintenant de mon régime de vie. Oui, c'est vrai que la première oncologue que j'ai rencontrée m'a suggéré de prendre quatre à cinq verres de vin par semaine. Eh bien! Délinquante un jour, délinquante toujours! Puis, s'il ne me reste qu'un an et demi ou deux à vivre, pourquoi alors me priver? Pour mourir en santé?

Je lève mon verre à la joie de vivre. Cela sans peur et sans reproche. J'ai choisi d'aller dans ma lumière, eh bien, je suis lumière, je suis joie, je suis sérénité. Tous les jours, je suis en état de gratitude profonde. Je prie toutes les déesses du ciel et de la terre d'accompagner mes jours et mes nuits. Et je danse, et que je danse! Je danse comme on médite, comme on prie. Je suis un mantra sur deux pattes. Je me promène dans le moment présent, dans mon passé et dans mon futur : les trois unis les uns aux autres pour la vie. Le passé nourrit mon présent qui nourrit mon futur. Est-ce à cause du peu de temps qu'il me reste à vivre? J'ai tous les âges à l'intérieur de moi et toute la vitalité qui vient avec chacun d'eux, autant de vitamines et de ressorts. Je ne suis pas *mon* cancer, je suis moi, moi, pleine d'énergie lumineuse, gonflée de joie de vivre! Me le répéterai-je assez?

Et mes angoisses? Je les respire et les dissous dans mon allégresse et ma fluidité. C'est de cette façon que j'ai le goût de vivre cette épreuve, et vogue la galère. Si je meurs, je mourrai heureuse. Je ne pense pas beaucoup à la mort, je pense à la vie. Et j'aime la vie!

Tous les jours, je concocte un très bon repas pour mon *chum* et moi et très souvent des amies se joignent à nous. Nous fêtons et célébrons : le lundi, la première journée de la semaine. Le mardi, la belle température. Le mercredi, le milieu de la semaine. Le jeudi, le plaisir que nous avons d'être ensemble. Le vendredi, la chance que nous avons d'être vivant. Le samedi, l'amour et l'amitié. Le dimanche, l'abondance!

Ça devient comme une prière spontanée. Un temps d'arrêt, comme une méditation, prendre le temps de s'arrêter et de savourer le plaisir de partager un bon repas, de reconnaître la chance que nous avons de vivre dans une société d'abondance et de possibilités. La vie coule dans mes veines et j'en suis profondément reconnaissante. Je suis ce que j'ai toujours été : exubérante, calme, sereine, spirituelle, folle, pieuse, angoissée, légère, positive, amoureuse, passionnée, vibrante, humble.... Je suis ce que je suis, sans mes peurs paralysantes. Je ne suis plus dans le regard de ceux qui ne m'aiment pas, je n'en ai plus rien à faire. Mon narcissisme ne ressent plus le besoin d'être aimée de tous et toutes. Mon ego est complètement nourri par ma soif de vivre.

Le cancer me permet de confirmer et de vivre dans mes valeurs et mes croyances les plus profondes. Je ne me suis jamais sentie si près de mes couleurs et j'assume, complètement, ou presque, mes contradictions et mes faiblesses. Je célèbre le mariage de mon ombre et de ma lumière. Je suis unie à ce que je suis profondément et j'en profite pour m'aimer. Comme je l'ai toujours dit : « Et puis, si je mourais demain matin! Je suis mieux d'en profiter au maximum maintenant! » Au fond de moi, je suis convaincue que tout n'est pas encore joué.

J'aime la vie et en plus je m'apprête à exercer le plus beau métier du monde : comédienne! Moi qui croyais ne plus jamais jouer! Je suis heureuse, pleine d'énergie et confiante, tellement confiante.

CHAPITRE SIX

Freddy et Hernie

Freddy m'en fait voir de toutes les couleurs. Alors lui vraiment, il prend beaucoup de place. Tellement de place! Ce n'est pas possible, car en plus, il me fait tellement souffrir, beaucoup trop. Heureusement que je suis débordante de santé (sic) parce que l'énergie qu'il me demande à tous les niveaux n'est pas anodine.

Je le déteste tellement. Oui, oui, je sais, je suis consciente de cette vérité, sans lui je serais déjà morte. Heureusement qu'il y a cette vérité, ça aide à franchir l'épreuve quasi surhumaine qu'il me demande. Que je vous raconte Freddy.

Comment vous dire?

Comme un malheur n'arrive jamais seul, voilà que ma colostomie se complique. Je panique complètement. Je commence à répéter dans quelques semaines et marcher devient un exploit. En plus, une de mes thérapies alternatives est la danse, que vais-je faire? Premièrement, rendez-vous avec le chirurgien. Une fois inscrite dans le système hospitalier, c'est beaucoup plus facile d'avoir des rendez-vous rapidement. Et moi, ma situation est urgente. J'adore mon chirurgien et j'ai intérêt à ce que ce soit le cas, car c'est le genre qui te fait attendre trois heures dans la salle d'attente. Mais maintenant que je le sais, je pars de la maison à l'heure de mon rendez-vous, j'achète les journaux, je n'oublie pas mon roman et finalement le temps passe à une vitesse acceptable. Être malade prend énormément de temps, ça demande beaucoup de disponibilités. Je plains ceux qui travaillent à temps complet et les chômeurs, et encore plus les travailleurs autonomes qui n'ont pas d'assurance. La vie et ses obligations se poursuivent chaque jour du mois.

Revenons à mon chirurgien.

Je lui montre cette chose horrible qu'est devenu Freddy. Il prend vraiment beaucoup de place. Il doit mesurer entre six centimètres de largeur et douze centimètres de longueur, c'est selon le moment de la journée, ça s'appelle un *prolapsus*. C'est lourd et une hernie s'est formée. Me voilà avec un autre ami à accueillir : Hernie! Il n'était pourtant pas prévu celui-là. Quand je vous dis que le destin s'acharne! Quoi d'autre encore? Je dois le nettoyer en plus, deux ou trois fois par jour. Je ne vous dis pas l'enfer, à un point tel que parfois, ça saigne et c'est douloureux. Le chirurgien me croit à peine. Normalement, ça ne devrait pas faire mal. Ah oui? Je n'ai vraiment aucun intérêt à faire semblant. Et puis mes deux copains, Freddy et Hernie, finissent par me poser de sérieux problèmes pour marcher. Ils sont lourds tous les deux! Je commence à répéter dans quelques jours. Il doit bien y avoir une solution.

Je sors avec une prescription pour une bande herniaire : une bande avec un trou pour faire passer Freddy et retenir l'hernie afin qu'elle tire moins vers le bas. En attendant ma ceinture orthopédique, je me procure une gaine.

Je suis obligée de l'enfiler sous mes vêtements chaque jour. Nous sommes en juillet, les journées sont caniculaires. Même si je me roulais par terre, ça ne changerait rien. Je respire par le nez, je me détends, je pense aux camps de réfugiés, je m'étire et je continue. Ce n'est pas la mort, c'est la maladie. Je vais grandir, je vais être une meilleure personne. C'est chouette! Et ce qui est bien, je dois l'admettre, c'est que je peux maintenant marcher sans que ce soit trop douloureux. Je vais être en contrôle pour les répétitions et pour jouer. Fiou!

Le matériel pour entretenir Freddy coûte très cher. Heureusement qu'en ce qui me concerne, j'ai des assurances qui paient 80 % de la facture, car les sacs et les collerettes coûtent une fortune. D'autant plus que j'ai changé les sacs réutilisables par des sacs jetables, c'est beaucoup plus cher.

Un jour, je vais à la boutique spécialisée et je me mets à pleurer. Énormément. Oui! Oui! Je ne suis pas toujours une majorette débordante de joie. Il m'arrive de perdre mes moyens et de me sentir démunie, désemparée. Je ne suis pas une déesse... pas encore! Elles me supportent, mais je reste humaine et je m'abandonne à mes moments de découragement. La vie peut être un ruisseau, une rivière, un fleuve, il peut y avoir des remous, des chutes, des cascades. *Go with the flow!* Suivre le courant. Action, réaction. À chaque problème, il y a une solution. Ainsi va la vie. Et pour moi, ce qui est important, c'est de ne pas être morte. J'ai tant de choses à vivre encore et, malgré tout, j'aime la vie. Et chaque jour, je tiens à lui rendre hommage. Elle ne sera plus jamais acquise. Je suis toujours en état d'accueil. Et surtout, ne pas perdre le *focus*.

Donc, je suis au comptoir pour l'approvisionnement des accessoires de toilettage pour ce cher Freddy que je déteste et je pleure. Le marchand me suggère d'acheter des sacs jetables ce qui adoucira les moments d'intimité avec monsieur Freddy. Oh! Que cet homme avait raison!

Mais voilà que la canicule s'installe plusieurs jours, voire plusieurs semaines et une nuit je suis réveillée par des odeurs nauséabondes. Ouache! Il y en a plein les draps et à cause de la chaleur, la collerette décolle. Ayoye! Ce n'est vraiment pas drôle. Les deux yeux fermés, je vais me nettoyer et je change les draps. Est-ce que je pourrai rendre assez hommage à l'homme qui partage mon lit?

La question demeure : celles qui n'ont pas d'assurance collective ou privée, comment arrivent-elles à se procurer tout ce qui est nécessaire? C'est vraiment très cher. Et quand la colostomie n'est pas permanente, le gouvernement donne à peine six cents dollars par année en compensation. C'est ce qu'il en coûte pour à peu près deux mois. La maladie n'enrichit personne.

C'est vraiment curieux que lorsque nous parlons du cancer, nous parlions si peu des problèmes financiers qu'il entraîne. Ce doit être parce qu'il est tabou de parler d'argent. Pourquoi toutes les associations pour vaincre le cancer n'abordent-elles jamais cette question? C'est vrai que la recherche est très importante, mais que faire quand tu ne peux plus payer ton loyer ou ton hypothèque?

Il y a des histoires de victimes du cancer que nous ignorons totalement. J'aimerais connaître le désespoir de ces gens. Tout ça va devenir un problème de société quand une personne sur deux en souffrira. Est-ce à dire que tout le monde devrait contracter une assurance vie afin de pallier ce genre de situation? Il y a probablement de l'avenir dans la profession de vendeur d'assurance.

Revenons à notre propos. Je me souviens du jour où je suis allée faire de l'animation de foule pour l'émission *Les dires de Geneviève* à Canal Vox des Basses-Laurentides. Je fais bouger les femmes, je les fais s'étirer, respirer, crier, rire, s'enraciner, prendre de la place, tout va bien, l'ambiance dans la salle est impressionnante.

Soudainement, va savoir pourquoi, mon sac éclate. Je porte une nouvelle robe, tellement jolie. J'ai de la *merde* dans mes bobettes et mes collants, de la taille aux genoux. Heureusement que c'est la fin de l'émission. Les filles veulent que nous prenions des photos du groupe... Moi, je dois impérativement retourner chez moi pour me changer. L'odeur dans la voiture au retour! Je suis à Sainte-Thérèse, je dois me rendre à Montréal et j'avais un rendez-vous chez ma coiffeuse juste dans la ville d'à côté. Je reviendrai.

Je jette mon sous-vêtement et mes collants et je rince ma robe au lavabo avant de la déposer dans la laveuse. L'odeur est insupportable! Je suis découragée. Vraiment, est-ce que le destin va s'acharner encore et toujours? C'est fou à quel point un geste naturel, essentiel, immuable et irrévocable devienne aussi fastidieux! C'est la galère. Tous les jours, avoir les deux mains et le nez dans ses matières fécales... c'est une très grosse épreuve! Je salue tous ceux qui sont passés par là.

C'est très difficile pour l'estime de soi. Encore plus pour l'image de soi. Comment rester séduisante pour son amoureux? J'ai entendu dire que beaucoup de femmes sont incapables de s'abandonner à toute vie sexuelle à la suite de ce type d'intervention. J'imagine que beaucoup d'hommes perdent leur libido avec une femme qui est affublée d'un tel attirail. Oui, je peux comprendre, mais je n'ai aucun goût de bousiller ma relation. D'ailleurs, est-ce que faire l'amour n'est pas une des plus belles choses gratuites dans la vie? N'est-ce pas une rencontre merveilleuse avec la personne que nous aimons?

Je décide de ne pas développer de complexe et, très rapidement, je me promène toute nue dans la maison après la douche. Je me fais aérer et je trouve mon humour dans cette situation. Je fais en sorte que ça devienne normal d'avoir un sac. Je ne tente pas de faire comme s'il n'existait pas. Il fait partie de moi! maintenant, mais *il n'est pas moi*.

Puis, il y a de jolis vêtements *sexy* qui dissimulent ce compagnon encombrant. Je suis une femme heureuse, amoureuse et épanouie. Heureusement que je m'accroche à la joie et à la sérénité parce que vraiment, j'avoue bien humblement que je suis vraiment écoeurée. Qu'y puis-je?

J'aurai toujours ce Freddy. Non, pas toujours, le chirurgien m'a dit que c'était en attendant. En attendant quoi au juste? Je ne sais pas, je ne sais plus, mais bon, quoi faire d'autre que l'accepter? Ce n'est pas trop dans mon tempérament, mais j'ai intérêt à prendre mon mal en patience. Je dois me répéter inlassablement que s'il n'existait pas, je ne serais plus là pour aimer et vivre. Je touche à ce qu'il y a de plus pur dans l'humilité. J'en avais déjà beaucoup à cause de mon métier d'actrice. C'est une des qualités les plus nécessaires pour exercer ce métier.

Voilà, ce que c'est que de vivre avec une colostomie. J'imagine que chaque personne qui vit accablée de cette monstruosité a autant d'histoires à raconter. Telle que la chanson le dit : *L'aventure commence à l'aurore de chaque matin, oui, à l'aurore de chaque matin, l'aventure.* Je respire et je me calme. Je m'apaise. Je garde la forme. La vie est belle, je vais travailler comme comédienne bientôt, puis j'irai à Paris et à Venise. Hop la vie!

Avec le temps, les points de suture disparaissent et ma plaie guérit. À part la chimiothérapie, les effets secondaires, l'omniprésence de Freddy et de son copain Hernie, tout va bien!

J'ai une nouvelle maison, je vais jouer au théâtre bientôt, j'ai des projets de voyage, j'ai un amoureux, des amies, un fils que j'adore et un gros minet qui fait la sieste avec moi. Je vais au marché Jean-Talon trois à quatre fois par semaine, le bonheur! J'ai toujours aimé les couleurs *fluo* et c'est d'elles que je colore ma vie. Je danse et je danse tous les jours envers et contre tout en écoutant le disque de la jeune chanteuse française Zaz et ça me met tout en joie. Surtout, ne pas me laisser abattre. Suis-je dans le déni? Qu'est-ce que c'est que cet optimisme débordant?

CHAPITRE SEPT

Prendre du recul

D'aussi loin que je me souvienne, j'ai toujours eu un *Run for your life* solide. D'ailleurs, cela m'a sauvé la vie. Mon instinct de survie est très fort. Toute jeune, je réagissais toujours en fonçant, en allant vers l'avant. Ça m'a toujours paru être la meilleure attitude. De toute façon, comment changer le passé? D'abord et avant tout, il est impératif que je prenne position, *que je prenne le taureau par les cornes.*

Que veut dire cette maladie? Qu'est-ce qui a bien pu m'amener là? Qu'a-t-il pu se passer pour que je sois *victime* du cancer du côlon avec métastases au foie et à l'estomac? Encore une fois, mon système digestif réagit. Qu'est-ce que je ne digère pas? Qu'est-ce qui *m'emmerde* tant que ça dans la vie? Ai-je travaillé à cela depuis de nombreuses années? Et si la réponse s'avérait être positive? La mémoire consciente n'a pas tout retenu. C'est l'essentiel de mon propos : *d'où me viennent toutes ces munitions pour faire face et rebondir de si belle façon?*

Chose est certaine, comme beaucoup d'entre nous, je puis affirmer aujourd'hui que malgré la grande confiance que je semble avoir en moi, *je ne m'aime pas*. C'est comme si je n'avais pas appris à m'aimer. C'est comme si durant toute ma vie, j'avais préféré saboter mon existence.

N'est-ce pas l'histoire de beaucoup de personnes de manifester aussi peu d'estime de soi?

S'aimer, comment se fait-il que ce ne soit pas un réflexe naturel? Parce que très petite déjà, nous avons dû répondre aux besoins de papa et maman? Dû aux blessures du passé, aux abandons, aux trahisons, nous nous oublions, nous nous punissons, nous nous dévaluons, nous plaisons aux autres avant de se considérer soi-même et, un jour, tout craque. Nous n'avons rien vu venir. Nous perdons notre emploi, notre *chum* et nous sombrons dans de profondes ténèbres. Nous ne prenons plus la peine de prendre soin de la personne la plus précieuse au monde : **SOI-MÊME**!

Prendre soin de soi, qu'est-ce que ça signifie? *Devenir la personne la plus importante.* Ça veut dire écouter ses besoins, connaître ses limites, prendre soin de son corps, de sa tête et de son âme. C'est prendre tous les moyens à notre portée pour s'épanouir. Cela dit, il n'est jamais trop tard pour se prendre en main. Nous vivons dans une société qui nous offre de plus en plus de moyens pour nous propulser vers l'avant et améliorer notre sort. Je constate que j'utilise une façon vraiment négative et défaitiste de me parler, de me critiquer, de ne jamais être satisfaite, d'avoir toujours peur de ce que l'autre va penser, de cultiver mes peurs : peur de vivre, de vieillir, de déranger, de prendre trop de place, de réussir, de ne pas être parfaite, de me tromper, et que sais-je encore? En cela, j'oserais dire que je ressemble à beaucoup de femmes. N'est-ce pas là, la première violence faite aux femmes? Celle que nous nous infligeons nous-mêmes?

Il y a des épreuves comme le cancer, une perte d'emploi, une séparation, la mort d'un proche, le diagnostic d'une maladie, qui peuvent nous affaiblir au point où nous nous retrouvons dans l'obligation d'avoir besoin des autres. Tellement besoin que nous sommes obligées d'apprendre à recevoir. Je suis sortie de toutes ces opérations tellement démunie et tellement mal en point physiquement. Je ne pouvais même pas aller me chercher un verre d'eau, encore moins me préparer des repas. Il aurait été imprudent de me laisser seule à la maison. La vie m'a obligée à recevoir.

Une partie du nerf de la guerre se trouve là et je ne possède pas ce réflexe naturellement. Toujours prête à me diminuer, à me dénigrer, à tout donner pour me valoriser, pour me faire aimer. J'ai un besoin maladif et malsain de me faire aimer, alors qu'il est si bon d'aimer et d'être aimée. Donner et recevoir, voilà un balancier juste et essentiel. Le mouvement de la vie qui régénère tout. Donner et recevoir, donner et recevoir, comme les vagues de la mer qui viennent et repartent dans un mouvement perpétuel et naturel.

Je suis très impatiente, mais heureusement avec les épreuves que la vie m'a imposées, il m'a aussi fallu apprendre à ne pas être trop pressée. J'ai compris qu'il fallait que j'attende que les choses suivent leur cours. Chaque grande épreuve de la vie se traverse avec minutie.

Les épreuves sont là pour nous faire grandir. Ces paroles vont sans doute heurter ceux qui aujourd'hui traversent un moment difficile. C'est de réconfort que vous avez besoin, mais une chose est certaine, il faut prendre le temps de comprendre ce qui nous arrive et la raison pour laquelle ça nous arrive. Quels sont les apprentissages du moment?

Ça amène un questionnement essentiel pour la suite de ma vie. Ça me conduit vers d'autres horizons. Il faut d'abord nettoyer le passé pour y trouver les joyaux qu'il contient. Cela crée un nouvel éclairage en relation avec mon estime personnelle. Si mes amies, ma famille et mon *chum* s'empressent tant pour m'aider, m'apaiser, me nourrir, m'encourager, me soutenir, m'aimer, c'est que j'en vaux la peine. Je suis un être aimable. C'est le point de départ de tous les possibles.

CHAPITRE HUIT

Cicatrices

Tout est possible parce que nous possédons les outils en nous. La séparation de mes parents a au bout du compte révélé des ressources profondes en moi. Comme nous avons toutes une blessure originelle, celle-ci sculpte tous nos comportements, nos humeurs, nos limites, nos exigences, nos tabous, nos peurs, nos croyances, notre personnalité, notre façon de communiquer, de donner, de recevoir, de comprendre, d'interpréter, de percevoir. Cette blessure va donner l'intensité à notre part d'ombre et de lumière. Finalement, elle est tout ce qui fait de nous des êtres à la fois uniques et semblables. Chacune a ses anecdotes!

Cette journée-là, j'étais allée jouer chez une petite amie. J'avais sept ans. Mon père tenait dans ses bras ma petite sœur d'un an et demi et mon frère de cinq ans était accroché à son pantalon. Tout s'est passé si rapidement. Lorsque le taxi est arrivé, ma mère est sortie, elle a embarqué dans la voiture avec ses valises, puis elle est partie. Mon monde s'écroulait. Mes émotions étaient insupportables et mon corps était trop petit pour ressentir d'aussi grandes émotions. On aurait dit que j'allais exploser. Une bombe!

Mon réflexe a été de me blottir contre un arbre, un cormier. Cet arbre donne de petits fruits orange à l'automne et il nourrit les oiseaux. Il n'était pas très grand, mais de bonne proportion pour une petite fille de sept ans. Je me suis lovée à son tronc pour m'apaiser, me réconforter, m'enraciner, un réflexe qui m'est venu comme ça, tout naturellement pour reprendre mon souffle et revenir à la vie. Mes oreilles étaient collées contre le tronc. Je cherchais inconsciemment des paroles apaisantes. Elles sont venues de la sève de l'arbre. J'ai entendu son flot apaisant couler. J'étais sauvée de tout et surtout protégée pour la vie. Je ne le savais pas à ce moment-là, mais maintenant je le sais.

J'ai été épargnée d'une certaine manière grâce à ma très grande sensibilité, grâce à un contact fondamental avec ma vie spirituelle, grâce à mon imagination et à ma folie. Une belle folie qui me permet de ne pas être toujours comme tout le monde. Parfois, ça aide d'être différente des autres, non pas parce que ça fait peur, mais la vie est si exigeante, si éprouvante, que l'originalité est souvent salvatrice. La voie vers sa créativité. Du moins, c'est ce que je crois.

Qui n'a pas ses contradictions? Qu'est-ce qui est vrai? Qu'est-ce qui ne l'est pas? Ce qui était vrai ce jour-là, c'était d'entendre la sève couler dans le tronc de l'arbre comme un ruisseau rafraîchissant, élixir de vie pour une toute petite fille qui venait de voir son destin basculer d'une bien drôle de manière. Pourquoi moi?

Ma mère a quitté la maison familiale en 1962 pour aller vivre avec un homme marié plus âgé. Je ne vous dis pas le remous dans le village. Surtout dans ces années d'obscurité, la révolution culturelle et féministe commençait à peine à se dessiner. Tout était jugé et très peu de gens tentaient de comprendre les motivations qui poussaient une jeune femme, mère de trois enfants, à agir de la sorte. Ma mère est encore une femme lumineuse, intelligente et très sensuelle. Imaginez les réactions à l'époque. Mon père alcoolique était du genre *pogné dans ses émotions*. Il est mort à la suite d'une maladie pulmonaire obstructive chronique. Il a vécu sept ans à l'Hôpital de Saint-Jérôme. Il avait une chambre au septième étage. Il se promenait entre les soins intensifs et les soins intermédiaires, puis il revenait à sa chambre. Quelle vie!

À dix ans et demi, dans le but que mes parents reviennent ensemble, mes vœux d'être très malade ont été exaucés. Premier sabotage!. En effet, j'ai été frappée de plusieurs crises de foie, le docteur venait la nuit me faire une piqûre afin de soulager mes douleurs insupportables et pouvoir m'endormir. (Oui, à cette époque, nous avions des médecins de famille qui se déplaçaient aux maisons.) Madame Bergeron, la dame chez qui j'habitais en pension, me caressait le front, ça m'apaisait.

Mais une nuit, je vomissais tellement de bile qu'on m'a transportée d'urgence à l'hôpital. Inutile de vous dire que je n'ai pas attendu du tout dans la salle d'attente. En fait, je n'ai jamais attendu dans une salle d'attente parce que chaque fois où je m'y suis rendue, c'était un cas de force majeure. Entre la vie et la mort!

Donc, après plusieurs radiographies, les médecins décident d'une opération exploratoire. Il était possible qu'en raison de mon âge, que ce soit une appendicite. Voilà qu'en ouvrant, ils découvrent que je fais une pancréatite chronique. Je me suis retrouvée dans une chambre avec des tubes dans le nez et une grosse bouteille qui recevait tout le méchant qui sortait de mon pancréas. J'y suis restée deux semaines et mes parents ne se sont jamais réconciliés. Je me souviens surtout d'une obstination pas possible au-dessus de mon lit.

Déjà, j'avais des tendances à ne pas digérer ce que je n'aimais pas. Après trois mois, comme convenu, je suis retournée à l'hôpital me faire enlever la vésicule biliaire, car ils n'avaient pas pu le faire trois mois auparavant à cause de l'ampleur de l'opération. Je m'en souviens, c'était un Vendredi saint, j'ai eu peur de mourir comme Jésus. L'imagination d'une enfant! À cette époque-là, nous restions au moins deux semaines à l'hôpital. Puis, la vie a continué sans trop d'anicroches.

Ce qui est vrai de cette époque, c'est mon énergie de petite fille qui devait vivre au-delà du regard de l'autre, au-delà des préjugés, de l'ostracisme. Je faisais face, je faisais front, tambour battant et je cultivais la spontanéité, la légèreté, la fluidité. Le rapport à mon corps me maintenait dans un dynamisme perpétuel vers ce qui était sain.

À cette époque, dans les écoles on nous donnait des cours de gymnastique. J'ai eu la chance de faire de la poutre, des barres asymétriques, du cheval d'arçon, de la gymnastique au sol et artistique avec les fameux rubans. Cela m'a permis de ne pas avoir peur de me lancer dans le vide avec grâce, détermination et fougue. Nous faisions des olympiades de fin d'année à l'école; j'ai tâté toutes les disciplines : la course, les sauts en longueur, le lancer du poids, du javelot. J'ai joué au drapeau, au ballon chasseur. Durant des années, j'ai fait partie d'une équipe de natation. Ma spécialité : le *back crawl*. Vive le sport!

En plus, le refuge que m'offrait ma vie spirituelle au-delà de toutes les religions était et demeure toujours une source de vie inépuisable et tellement à portée de la main. Vivre au-delà de ce que les autres peuvent penser. S'abandonner, et cela, sans l'interdit de la perception et de l'interprétation négatives que nous nous imaginons que l'autre a de nous. Affranchie du regard de l'autre. Ne plus avoir peur d'être sincère, authentique et vivante. Rester concentrée, voilà ce que la spiritualité et l'activité physique ancrent depuis toujours et profondément dans tout mon être. Ne pas permettre au petit hamster qui tourne sans cesse dans ma tête de gérer mes pensées et contrôler ma vie.

Je me souviens que la famille Bergeron, mon foyer d'accueil, possédait un domaine au lac Saint-Denis à Saint-Adolphe d'Howard, où nous allions toutes les fins de semaine de l'été. C'est dans ce lac que j'ai appris à nager et à faire du ski nautique. C'est surtout dans la forêt derrière les chalets où j'allais me réfugier après avoir entendu tout le mal qu'on pouvait dire de ma mère. Encore un refuge dans l'imaginaire et dans ma vie spirituelle. Tout me réconfortait. Les arbres, les nuages, les fougères, la mousse verte des sous-bois, les rochers, les rayons du soleil à travers les feuilles, tout ça nourrissait mon âme et m'apaisait. C'est là aussi que j'arrivais à oublier les anecdotes pénibles de ma jeune vie.

Nous ne partons pas tous égaux dans la vie. Il y a toutes sortes de paraplégiques : des paraplégiques du corps, de l'âme, du cœur, toutes sortes. C'est ainsi!

Comment vivre malgré tout?

Je continue mon histoire. Nous, les trois enfants, avons été placés dans des familles d'accueil pendant sept ans jusqu'à ce que mon père achète une petite maison en 1969. J'ai été la plus chanceuse, je suis restée dans la même famille tout ce temps. Mon père vivait en chambre et la communauté avait bien pitié de lui. Mes parents ont toujours parlé l'un contre l'autre, ce qui est atroce pour les enfants. C'est difficile pour une enfant d'aimer ses parents quand elle reçoit des images d'eux tellement négatives. On perd confiance en soi. J'ai toujours eu l'air d'en avoir beaucoup. Trop? Je suis encore souvent si petite à l'intérieur. Dans ma jeunesse, dans ma ville natale de Sainte-Thérèse, les commères du village m'ont fait réagir.

À seize ans, j'ai passé des auditions au collège Lionel-Groulx et j'ai été acceptée à l'Option Théâtre. J'ai toujours voulu devenir comédienne. Avant de partir pour mon audition, mon père m'a dit qu'il regrettait énormément que je veuille devenir actrice, que j'allais sûrement devenir une *pute* parce que la seule façon de réussir, d'après lui, était d'accepter les demandes scabreuses des réalisateurs et metteurs en scène. La vie ne lui a pas donné raison, car je ne me suis jamais retrouvée dans une situation de harcèlement sexuel.

J'ai cru longtemps que je n'étais ni belle, ni attirante. Quand je regarde mes photos de jeunesse, je constate que vraiment je n'estimais pas le *pétard* que j'étais. Tant de temps perdu à ne pas m'aimer! Maintenant, je me trouve craquante, malgré les traces inévitables que les années ont laissées derrière elles. Comme on peut gaspiller du temps quand nous sommes jeunes, car on n'a pas encore compris que le temps est une denrée précieuse, la plus précieuse.

Ce qui est difficile dans une école de théâtre, c'est que les meilleurs de tout le Québec se retrouvent ensemble.

Nous étions chacun de notre côté des vedettes dans notre milieu. Nous possédions donc tous un gros ego. Les cégeps ont démocratisé la formation professionnelle en acceptant le plus d'étudiants possible, et ce, dès la fin du secondaire, contrairement au Conservatoire et à l'École nationale de théâtre. La conséquence a donc été de se retrouver vingt-cinq étudiants par classe. La règle du jeu voulait qu'il y ait des renvois dès la première session, et ce, jusqu'à la fin de la deuxième année. Je ne vous dis pas la compétition! Et dans ma promotion, les choses ont été tellement difficiles à bien des égards.

Premièrement, il faut le préciser, nous subissons un choc culturel très fort. Il y a les vedettes de troisième année qui sont les *prima donna*. Il y a certaines femmes professeures qui ne voyaient dans les jeunes filles que de futures adversaires et et il y avait de jeunes professeurs qui courtisaient les jeunes étudiantes. Les professeurs croyaient assez en moi.

En arrivant au cégep, l'étudiante vit des moments de changements profonds. En effet, c'est à ce moment-là que nous passons de l'enfance à l'âge adulte avec tout ce que cela comporte. Tous ces jeunes qui doivent quitter le nid familial pour venir s'installer loin de leurs repères, qui doivent gérer non seulement leurs études, mais leur vie amoureuse, un budget, les repas et j'en passe. Ça n'a l'air de rien, mais quand tu ne t'es jamais occupée de rien, c'est quelque chose.

Dans les années 70, ce sont les mères qui faisaient tout. Est-ce que cela a vraiment changé? Mes études en théâtre ont été trois ans de bonheur et d'enfer. Heureusement que Jean-Luc, mon directeur, s'est pris d'une profonde affection pour moi parce que je me suis mise à me dénigrer comme jamais dans le passé. J'étais convaincue de n'avoir pas de talent.

Puis, je suis sortie de l'Option Théâtre du cégep Lionel-Groulx et j'ai déménagé à Montréal. J'ai vécu mes premières semaines en enfer! Je n'arrivais même pas à respirer dans le métro, je manquais d'air. Je prenais une petite serviette pour en faire une pochette de menthe fraîche que je faisais infuser et j'appliquais cette décoction comme un masque sur mon visage afin de me calmer et retrouver une respiration normale. J'étais complètement paranoïaque. Je n'allais pas très bien, j'avais dix-neuf ans et je me retrouvais sur le marché du travail. J'étais entrée à l'Option Théâtre beaucoup trop jeune, je n'avais pas la maturité qu'il fallait.

C'est pourquoi des années plus tard, je n'encourageais pas trop la candidature des jeunes qui sortaient du secondaire et qui me sollicitaient pour passer des auditions dans les écoles de théâtre. S'inscrire et être accepté dans une école de théâtre, c'est un début de démarche vers une vie artistique. C'est une vie très difficile, très inquiétante, mais aussi si gratifiante. Oh! Comme j'aime être sur une scène ou sur un plateau de tournage, que ce soit à la télévision ou au cinéma!

J'ai quelques beaux rôles à mon acquis. Ça n'a jamais été facile pour moi. Et puis, mon tempérament intempestif m'a joué de mauvais tours. Les producteurs ou les réalisateurs devaient se dire : « Oh! Celle-là doit avoir tout un caractère, je ne vais certainement pas l'engager, car elle va tout virer à l'envers. » Et pourtant, j'étais si petite à l'intérieur de moi. Si entière! Je voulais tellement me faire aimer que j'ai sûrement dû en faire trop. Toujours trop! Combien de fois me suis-je fait dire que j'étais trop ceci ou trop cela?

Si je n'avais eu que la moitié confiance en moi, j'ai l'impression que je serais allée beaucoup plus loin. Je n'ai pas eu la carrière mirobolante que je souhaitais. J'ai fait quelques bons coups parce qu'en général quand je prends un rôle, ce n'est jamais ordinaire. Je laisse toujours une forte impression. J'ai des *as* dans mon *curriculum vitæ*, mais tout cela est toujours resté tellement fragile. Chacune de mes performances m'a toujours apporté beaucoup de reconnaissance. D'un autre côté, curieusement, chaque bon rôle ne m'a pas apporté nécessairement les contrats que j'aurais souhaité obtenir par la suite.

Puis, j'ai roulé ma bosse. Je me suis engagée avec des amies et nous avons fondé une troupe de théâtre. Nous voulions changer le monde.

Nous avons créé et produit trois spectacles féministes. J'étais membre de la Ligue nationale d'improvisation. J'ai participé à l'émission quotidienne *Les copines d'abord*. J'ai joué dans quelques téléromans et téléséries ainsi qu'au cinéma. J'ai eu l'honneur d'être choisie plusieurs fois par Jeannette Bertrand pour jouer dans ses dramatiques à la télévision. J'ai été mise en nomination deux fois aux Prix Gémeaux. J'ai participé à quelques saisons de théâtre durant l'été. Le rôle d'*Armande* dans *Sauce Brune* a eu autant d'effet sur ma rémission que la chimiothérapie.

Toujours est-il que la pire chose qui me soit arrivée dans la vie, c'est que mon métier d'actrice me laisse tomber. Ce n'est que très rarement que j'ai dû présenter une preuve de mon parcours professionnel. Je passe à peine quelques auditions. J'ai cinquante-six ans, je vais peut-être mourir. Tout ça parce que je ne peux pas jouer et que le métier que j'exerce et que j'adore plus que tout au monde ne me donne aucune reconnaissance, ne me permet plus de gagner ma vie. Vouloir mourir parce que je ne suis plus choisie? Quelle aberration! J'ai l'impression que je ne m'en remettrai jamais. Il me semble avoir prouvé que je suis une bonne actrice. Comment se fait-il que ça ne donne à aucun diffuseur, producteur, réalisateur ou metteur en scène l'idée de me confier un rôle?

J'ai bousillé une partie de ma réputation d'actrice en ne sachant pas mon texte une fois sur un plateau de tournage, j'ai travaillé à ma perte.

J'avais peur du succès. Pourquoi? Je me dis que l'autodestruction est tellement forte à l'intérieur de moi. Est-ce que ça provient de ma tendre enfance ou de plus loin? J'investiguerai davantage, car je suis maintenant prête à entreprendre un processus de guérison et me pardonner. J'ai semé ce que je récolte et je ne veux pas retomber dans les mêmes pièges.

J'entretiens parfois le fantasme de m'installer au coin des rues Berri et Sainte-Catherine et de hurler au monde entier que je veux jouer. Donnez-moi des rôles, je vous en supplie à genoux!!!

J'aurais aimé faire partie de celles qui travaillent. Trouver une famille de création. Il y a beaucoup de comédiennes qui vivent la même chose que moi. Quand, à quelques reprises, je me suis frappée à l'indifférence des gens du milieu, j'ai personnellement vécu ce rejet comme une paire de claques. Très difficile! Les sanglots me montent facilement dans la gorge lorsque mes pensées s'activent dans la direction de ma carrière. Ça ne va donc jamais plus me quitter? J'ai développé des réflexes physiques. Je respire et je dégage mes côtes, ma poitrine, mes omoplates, je relaxe mon cou et j'arrive à faire passer ma peine.

J'ai eu le goût de tout abandonner, me suicider, je me suis blottie dans une dépression nerveuse. J'étais dans une angoisse perpétuelle. Est-ce que je construisais ce cancer? Qu'y a-t-il de plus fort que l'angoisse et l'autodestruction? **Notre pouvoir de choisir!** Choisir notre humeur, nos comportements, notre état d'esprit, nos réactions et plus encore. J'aurai beau m'apitoyer sur mon sort, faire un scandale sur la place publique, c'est comme aimer un homme qui ne t'aime pas. Je ne veux pas être blessée et heurtée toute ma vie.

Quand je me suis retrouvée sans travail d'actrice pour gagner ma vie, j'ai cru que je n'étais plus rien. J'avais perdu mon identité. J'ai été pendant des semaines à zapper, écrasée devant la télé. Jusqu'à ce qu'un jour, je lève la tête et me rende compte qu'il était déjà deux heures de l'après-midi. Je m'enfonçais dans une dépression dont je n'allais certainement pas arriver à me sortir toute seule. Ce n'était pas une amie ou une tante qui pouvait m'aider. Il me fallait lâcher prise, demander de l'aide, trouver le type de thérapie qui me convenait. Surtout, qu'il y a quelques années déjà, plus de douze ans de cela, j'avais suivi une thérapie de type analytique et je n'avais pas l'intention de retourner dans ce type de voyage. Je voulais quelque chose qui apportait des solutions concrètes.

J'étais *scotchée* au mur, incapable de bouger. Me voilà, encore incapable de bouger! Immobilisée, déstabilisée!

Avant d'être en mesure de m'organiser et de trouver ce dont j'avais besoin, mon instinct intelligent, mon instinct de survie m'a amenée à me dire : « Johanne, si tu crées le mouvement, les choses se placeront par elles-mêmes. Alors, bouge! »

Je me suis mise à faire des exercices pour oxygéner mes muscles et mon cerveau. Ça m'a permis dans un premier temps de mettre ma situation en contexte social et de me sortir de ma culpabilité. J'étais une actrice qui ne travaillait pas, mais si je tenais compte des statistiques de l'Union des artistes, je constatais que quatre-vingt-cinq pour cent des femmes de l'Union inscrites au bottin, gagnent moins de quinze mille dollars par année. C'est la dure réalité, et je ne peux tout de même pas faire semblant de ne pas le savoir. Il y a beaucoup d'appelées, mais hélas, il y a peu d'élues! Malgré le fait que je fasse partie de ce groupe, je ne veux pas non plus cultiver de jalousie, ni d'envie et, plus que toute autre chose, ne pas devenir une personne amère.

Mine de rien, même si l'évolution était lente, je ne savais pas à ce moment-là que j'étais en processus de résilience et de lâcher-prise.

Souvent, avant de m'endormir, je demande durant mon sommeil de trouver ce que je peux faire qui me passionne tout autant que mon métier de comédienne. Je ne vais pas commencer à me dire qu'à plus de cinquante ans, que ma vie est finie! S'il m'en reste trente ou quarante, beaucoup de possibilités s'offrent à moi. Ô ciel, viens à mon secours! Tout se mêle dans ma tête. Je ne m'en sortirai pas toute seule, j'ai besoin d'aide. Je ne veux pas trop attendre parce que ce sera trop difficile. En même temps, je voudrais que ma thérapie me rapporte plus que le bien-être. Comme un métier. Tout est flou dans ma tête.

CHAPITRE NEUF

Entreprendre un nouveau métier

Soudain, le déclic se fait et je veux devenir coach de vie. Il y a quelques mois, j'ai reçu à la maison Sonia, une jeune chanteuse de trente ans. Je l'ai aidée à reprendre confiance en elle. Je lui ai donné des trucs et des attitudes à développer sur scène. Je l'ai fait parler et lui ai fortement suggéré de consulter un professionnel. À mon avis, elle en avait besoin. Je l'ai sûrement bien guidée, car aujourd'hui ce coaching m'a donné l'idée de devenir coach. Ça me plaît. Oui, ça pourrait me passionner tout autant que mon métier. Mais où suivre un tel cours?

Je me précipite vers une boutique de *La Presse*. J'achète le *Guide Ressources* et à la page sept, je trouve une annonce du Centre québécois de la programmation neuro-linguistique. Une formation en coaching. Wow! Les déesses me guident. Je surfe sur la vague et je téléphone pour m'inscrire à un cours de base. Je commence au printemps.

Ça me séduit complètement. Dès le premier cours, je suis branchée sur mes ressources. C'est ce dont j'ai besoin. Je vais retrouver mon identité, mes ressources personnelles, donner un sens à ma vie et trouver des moyens de vivre de mes gains. Je vais commencer par trouver mon centre de lumière. Je vais de plus en plus faire appel à mon inconscient pour qu'il vienne régulièrement m'aider à guérir mes blessures du passé en mettant en lumière ce que chaque cicatrice m'a apporté d'apprentissage positif.

Je suis un trésor et je n'ai pas encore conscience de tous les joyaux qui m'habitent. J'accepte profondément cette belle occasion de pouvoir changer, que le chemin va se tracer dans le sens de mes besoins et de mes désirs... surtout de mes besoins. Je suis prête à accepter le processus et à respecter le temps qu'il faudra pour y parvenir. Ça va brasser, pas à peu près!

Je m'en vais dans la bonne direction, mais ça ne m'empêche pas parfois d'être complètement bouleversée. Je découvre des zones grises en moi dont il est urgent d'en comprendre la provenance, et cela, bien que le processus soit processus. Il est donc impératif d'entrer dans les apprentissages de ce mal-être pour arriver à un mieux-être. Il est urgent que je modifie mes perceptions et que je travaille à choisir un éclairage beaucoup plus positif afin de gagner en confiance, en bien-être et ainsi retrouver mon identité profonde.

Qu'est-ce que c'est cette programmation neurolinguistique ou PNL?

Voici, je vous explique. (La définition qui suit provient de l'École de l'Institut Coaching International Inc.)

Programmation

Nous sommes tous en quelque sorte programmés par les expériences que nous avons vécues depuis notre petite enfance. Ces expériences nous ont permis de mettre en place notre mode de fonctionnement afin d'analyser, de ressentir et de nous adapter au monde environnant. Cette programmation varie selon les personnes, les valeurs, les critères et les circonstances et devient alors une stratégie privilégiée chez la personne. Lorsque nous voulons changer ou briser certains programmes, la PNL nous permet de recoder notre expérience et d'organiser notre programmation interne afin d'obtenir les résultats souhaités.

Neuro

La capacité de nous programmer repose sur notre activité neurologique. C'est parce que nous possédons un cerveau et un système nerveux que nous sommes capables de penser, de percevoir notre environnement, de sélectionner nos comportements et de ressentir les choses.

C'est le système nerveux qui, par nos sens, perçoit l'environnement, le monde dans lequel nous vivons. Les procédures et les techniques PNL agissent directement sur notre organisation neurologique afin de réorganiser ou désactiver ces programmes de pensées et de comportements.

Linguistique

Le langage structure et reflète notre façon de penser. En effet, le discours d'une personne est riche en informations sur la manière dont celle-ci construit ses expériences de la vie. John Grinder et Richard Bandler, fondateurs de la PNL, ont étudié les relations entre le langage et la pensée et ont transposé leurs connaissances dans le domaine pratique de la communication. Puis, ils ont élargi ces notions à l'étude du langage verbal, qui n'est autre que la PNL.

Sans le savoir, nous nous programmons pour réussir ou pour échouer. La perception de nos sens influence notre manière de nous représenter le monde.

Donc, la PNL est l'art de créer des modèles d'excellence dans les comportements humains, car elle se consacre essentiellement à l'analyse et à la reproduction de l'excellence humaine. Elle est une modélisation d'un savoir-faire efficace et, conséquemment, elle s'intéresse davantage au *comment* plutôt qu'au pourquoi des choses.

La PNL nous fait réaliser que chaque personne possède toutes les ressources dont elle a besoin. La question fondamentale que je dois me poser est la suivante : de quelles ressources ai-je besoin pour devenir la personne que je désire être?

La PNL nous offre des outils concrets pour :

- Clarifier l'état présent et déterminer un objectif;
- Cultiver nos ressources beaucoup plus nombreuses que nous serions portées à le croire;
- Déterminer nos comportements adéquats et supporteurs;
- Transformer les croyances limitatives et mobiliser des croyances plus aidantes;
- Utiliser une position du corps appropriée;
- Disposer des ressources intérieures nécessaires aux changements;
- Reconnaître qui nous sommes;
- Élaborer des stratégies d'actions pour réagir de façon appropriée lorsque des interférences nous empêchent d'avancer;
- Découvrir notre mission de vie, à savoir ce qu'on vient faire sur terre.

Plus j'avance dans ma démarche pour devenir coach en programmation neurolinguistique, plus j'ai l'impression d'être tous les jours en voyage et d'entrer en contact avec tous les gens comme s'ils étaient un pays à découvrir.

J'aborde mes congénères avec curiosité, respectueuse de ce qu'elles sont. Je suis curieuse d'apprendre ce qu'elles ont à m'offrir afin que je puisse être influencée par d'autres façons de faire. Je veux partager le plus possible et l'idée de tout ce que les autres peuvent m'apprendre grâce à leurs valeurs qui sont peut-être différentes des miennes, me plait. Influencer mon quotidien pour le vivre le mieux possible. Je me fixe des objectifs de vie atteignables, réalisables, observables. Ça ne sert à rien de mettre la barre trop haute et surtout, surtout j'insiste sur le fait qu'il faut cesser de se comparer à d'autres personnes qui nous impressionnent. Si tel était le cas, le principe positif serait de les prendre comme modèles au lieu de les envier. Oui, comme modèles! Il est plus fort de se modéliser que de juger.

Comment survivre aux échecs? Je suis une femme énergique qui sait se prendre en main. Je fais confiance à mon instinct. Je m'inscris à cette école. Je ne suis pas la seule qui se retrouve en réorientation de carrière. Certains ont encore un emploi, d'autres viennent chercher des outils supplémentaires pour compléter leur expertise. Mais, tout comme moi, certaines personnes sont acculées au pied du mur. Ce qui est rassurant, c'est qu'il n'y a pas que des jeunes. Et surtout, je suis intellectuellement stimulée.

En plus de faire une thérapie pour moi, j'apprends un nouveau métier et j'apprends à exploiter des ressources que la vie m'a données. Je suis une femme épanouie. Je donne et j'aide les gens. J'ai la capacité de le faire et cette fois ma différence et mes talents sont à mon service et à celui d'autres personnes qui veulent évoluer vers une plus grande estime de soi.

Finalement, lâcher prise c'est, entre autres choses, demander de l'aide quand nous en avons besoin. Parfois, la vie ne nous laisse pas le choix. Personnellement, j'aurais voulu me sortir plus rapidement de mon impasse. Lâcher prise signifie ne plus avoir d'attentes. Ne plus avoir d'attentes! Comment ne plus en avoir? J'ai toujours été pleine d'attentes. Ne sommes-nous pas toutes dans ce même état d'esprit?

La patience n'est pas une de mes plus grandes forces, vous le savez, je l'ai souligné précédemment, donc, on se redresse :

- Aller voir ailleurs vers d'autres horizons;
- Trouver ma mission de vie;
- Prendre soin de moi;
- Développer une plus grande confiance en moi;
- Me rendre à l'évidence de la bonne attitude à adopter en toutes circonstances;
- Découvrir l'amour de soi pour ressentir l'amour universel et le vivre;
- Cesser de juger les autres;
- Respecter chaque personne qui doit également gérer sa part de malheurs et d'épreuves;
- Vivre dans le moment présent;
- Visualiser mon avenir;
- Éclairer mes parts d'ombre.

Toutes les décisions, les attitudes, les choix que nous mettons en priorité dans notre vie, nous le faisons pour notre mieux-être. Par exemple, une femme qui se drogue le fait parce qu'elle souffre trop. Si elle s'en sort, le travail qu'elle fera sur elle l'amènera à comprendre ce qu'elle fuyait. Identifier notre mal-être nous amène dans un processus de guérison et dans une mine profonde et riche de possibilités. Il ne nous reste plus qu'à travailler les stratégies nécessaires pour atteindre nos buts.

Bien sûr, il n'y a rien de miraculeux. Il faut vouloir changer, croire que nous pouvons évoluer. La vie n'est pas nécessairement comme nous l'avions prévue. Je n'ai pas choisi, du moins consciemment, tout ce qui m'est arrivé dans la vie.

CHAPITRE DIX

Être en amour

En retournant dans une autre partie de mon passé, j'y trouverai sans doute des blessures, mais aussi tellement d'apprentissages et d'acquis! Nous sommes au mois d'août 1981. Je reviens d'une tournée d'un mois et demie en Belgique, Suisse et France avec la Ligue nationale d'improvisation, en plus de trois semaines de congé dans un magnifique mas en Haute-Provence. L'appartement que j'ai loué à Montréal, juste avant de partir, n'est plus à ma disposition. Impossible d'y déposer mes pénates, car le propriétaire du restaurant grec à qui il appartient l'a récupéré pour faire des bureaux. Je n'ai plus de nid. Il est urgent que je me trouve un refuge.

En plus, je reviens à Montréal écrasée par une peine d'amour. Une de ces peines d'amour! Je vous mets en contexte. Nous sommes en pleine révolution sexuelle. Ce qui nous permet de nous envoyer en l'air à satiété, le corps exulte, mais mon cœur est en mille miettes!

Le mec qui m'avait convaincue de partager les chambres des hôtels avec lui lors de la tournée européenne de la Ligue nationale d'improvisation en juin m'a laissé tomber une deuxième fois, comme un vieux papier mouchoir. C'est un peu la règle des relations entre les femmes et les hommes à cette époque. On peut faire l'amour sans s'engager. Nous utilisons des contraceptifs.

J'avais déjà eu une première liaison avec lui vers la fin de l'hiver précédent. Je vous raconte cette déchirante péripétie de ma vie. Une de ces nuits, après une partie de la LNI, nous nous retrouvons tous au restaurant La Charade. Nous n'avions pas d'enfants, pas d'obligations, nous faisions la fête jusqu'aux petites heures et nous nous couchions tard.

Il m'avait finalement séduite après plusieurs tentatives infructueuses. Un soir, je cède. Ô faiblesse de la chair! Comme nous nous abandonnions facilement à cette époque! Sans jamais trop mesurer l'impact émotif. Donc, je le fais monter chez moi. Je passe avec lui une nuit absolument délicieuse. Je veux le revoir. Je suis convaincue qu'il a un petit quelque chose pour moi étant donné qu'il a tellement voulu que je tombe dans ses bras. Je tombe follement amoureuse de lui. Malheureusement, nous n'avons sûrement pas passé la même nuit parce qu'il agit avec moi comme si de rien n'était. Pire encore, il m'ignore, comme s'il ne s'était jamais rien passé. Je suis complètement bouleversée.

Quelques mois plus tard, nous sommes sur le point de partir pour une tournée d'un mois et demi en Europe avec la LNI. Toute la troupe se rencontre à l'Express pour célébrer. En sortant des toilettes, il me serre contre un mur, on aurait dit qu'on était au cinéma, il me propose de partager les chambres des hôtels. Je tombe des nues. Je commence par refuser. Il argumente, me convainc, me séduit, je cède. Finalement, durant la tournée, il décide de mettre fin à notre relation, car monsieur est amoureux d'une autre fille qui est à Montréal. C'est à n'y rien comprendre. Je me sens encore rejetée. Mon estime personnelle tombe à zéro. Je me laisse dériver dans une peine d'amour. Je me sens une moins que rien. Je crois que je ne vaux pas la peine d'être aimée. Le pire, c'est que j'achète cette croyance. Je dois redoubler d'efforts pour avoir confiance, pour fonctionner.

En plus, je crois que je ne ferai plus jamais confiance aux hommes. Je suis convaincue qu'ils sont incapables d'aimer, de s'engager et moi j'ai l'impression d'être une monstrueuse créature que plus jamais personne ne pourra aimer. De toute façon est-ce que les hommes n'ont pas tendance à me dire que je suis trop ceci ou cela? Trop! Combien de fois me suis-je fait qualifier de la sorte? Trop intense! À cette époque, je suis incapable de soutenir qu'il est impossible d'être trop. Je ne suis pas consciente que c'est cette différence qui fait peur. La lumière crée de l'ombrage et incite à la jalousie. L'expression fait peur. L'originalité inquiète. Je tente tant bien que mal de ne pas me faire remarquer. Ne pas prendre position. Mais surtout apprendre à baisser le volume. Intégrer un gradateur. Mais ça viendra avec l'âge.

Donc, j'ai vingt-six ans et je me demande comment être moins. De quelle façon devenir quelqu'un d'autre? Comment devenir la femme que les hommes aiment? Je me souviens de tout ce que j'avais entrepris de faire avec mon premier *chum* pour prendre moins de place, pour parler moins fort, pour m'effacer le plus possible parce qu'il estimait que ma personnalité était trop flamboyante. Aucun moyen d'entrer quelque part sans me faire remarquer. Je tentais bien que mal d'éteindre cette flamme quand, finalement, au bout de quatre ans d'une relation passionnée, mais tumultueuse, j'ai le cœur en mille miettes. J'ai perdu tous mes repères, je ne sais plus qui je suis. Je rencontre plusieurs hommes qui m'attirent, mais je sens bien que je ne les intéresse pas du tout. Peut-être que je ne voyais pas ceux à qui je plaisais. J'en ai fait souffrir un qui m'aimait beaucoup et je me souviens que je n'avais pas été gentille avec lui. C'était un beau mâle. Je n'ai jamais pu lui dire que je regrettais énormément de lui avoir fait du mal, mais ainsi va la vie. Je lui ai sans doute fait subir ce que tant d'hommes m'ont fait vivre.

J'avais des amants de passage, des connaissances rencontrées au hasard de mes sorties sur la rue Prince Arthur, au restaurant Prince Arthur. Les merveilleuses années de la fin soixante-dix et début quatre-vingt. Je croyais que je ne susciterais jamais de passion. Conséquemment, je me trouvais laide, pas intéressante, pas intelligente pourtant, je dégageais tout le contraire. J'ai toujours eu l'air d'une femme sûre d'elle et qui n'a pas froid aux yeux. En plus, je parlais haut et fort. Les beaux gars que j'aurais aimé séduire ne me regardaient même pas.

Je me suis même demandé si je n'allais pas choisir d'être lesbienne. Ma relation avec les femmes a toujours été harmonieuse. Ce que je désire plus que tout au monde, c'est d'aimer. Aimer, aimer si fort, si vrai, si authentique. Plonger dans une rencontre avec un être humain et s'aimer sans condition, à la vie à la mort. C'est cela que je veux. J'ai besoin d'absolu.

Donc, au retour de notre tournée triomphale, j'emménage chez Normand et Hélène, sa copine de l'époque, des compagnons de la LNI dont je suis très proche. Ils m'ont hébergée le temps que je me trouve un appartement. Normand était une vedette de la série populaire *Chez Denise,* produite par Radio-Canada. Le 29 août, pour son anniversaire, il organise une grande fête à laquelle il invite beaucoup d'amis dont les gens de la production. Normand fait valoir à Roger, célibataire à l'époque, de ne pas rater cet événement parce qu'il y aura de la *jeune poulette*. La journée de la fête arrive. Je suis installée chez lui, dans ma petite chambre au sous-sol. Je suis très perturbée, car je vis dans mes valises depuis plus de deux mois. Je suis comme une plante qu'on a déracinée et pas encore rempotée. Je ne sais plus qui je suis, j'ai perdu mon identité, encore une fois! Déjà que le métier que j'exerce est aléatoire, je n'ai plus aucun filet de sécurité.

Nous organisons la fête et les gens commencent à arriver. Je suis, je l'avoue, assez *stone.* J'ai fumé quelques joints, j'ai changé de vêtements plusieurs fois et je n'arrive pas à décider ce qui serait le plus adéquat pour un tel party. Mes valises regorgent de tenues plus intéressantes les unes que les autres. Nous avons tellement couru les magasins en Europe. Soudain, Roger arrive. Il a une bouille qui me plaît tout de suite. Il porte une chemise ouverte et on peut apercevoir son poil blanc sur la poitrine. Je remarque ses mains, il a un corps d'enfer et l'œil tellement vif. Je suis bouleversée. C'est sûrement ce dont il s'agit quand on parle d'un coup de foudre!

Je me dis que celui-là, c'est pour moi. Je vais changer de vêtements.

Je m'approche de lui et je lui offre quelque chose à boire. Je tente de faire en sorte qu'il me remarque. Je danse avec lui. Je vais me changer une fois de plus. Je parle avec tout le monde. Je vois à ce que tout soit impeccable, je retourne encore changer de vêtements.

Puis, nous nous retrouvons tous les deux dans la cuisine. Je prends mon courage à deux mains. Je suis comme une petite fille. Je veux tellement le séduire que j'en perds mes moyens. Tout ce que je trouve à lui dire, c'est : « Vous, vous êtes français? » Et blablabla. Lui me demande qui je suis. Je réponds que je suis la servante de Normand! Il dit : « Ah oui! » Jusqu'à ce que je lui explique que je suis comédienne, mais pas encore connue. Nous allons danser ensemble. Il me fait remarquer que je porte les mêmes vêtements depuis un bon petit moment. Il avait remarqué mon manège. Je lui réponds que je n'ai plus rien de nouveau à porter, mais que s'il veut me donner sa chemise, ça ferait l'affaire. Il l'enlève et, subjugué, me la donne! J'avoue que son geste est absolument remarquable. Encore aujourd'hui, quand je me remémore ce moment cocasse, je me dis : « Quelle audace! ». Wow! Un homme qui est prêt à me donner sa chemise. Je suis soufflée. Je l'attire dans ma chambre. J'enlève le coton ouaté que je porte et le lui donne en échange. Il commence à me caresser. J'arrête tout ça en lui signifiant qu'il y a une fête à l'étage, que je préférerais retourner avec les autres amis continuer à m'amuser. J'enfile sa chemise. Nous dansons, nous buvons, nous nous amusons. Je retourne en bas me changer, il me suit, nous recommençons les câlins. Puis, je l'arrête et lui dis :

- Vous, ce que vous voulez, c'est coucher avec moi.

Ma franchise le surprend.

Je continue : « Nous ferons l'amour ensemble à une seule condition, que vous restiez dormir chez moi cette nuit. »

J'en ai marre du manque de respect dans les relations amoureuses et sexuelles, je suis une femme blessée, ne l'oublions pas. Il accepte. J'aimerais mieux remonter et continuer à fêter pour le moment, et c'est ce que nous faisons.

La troisième fois que nous retournons dans ma chambre, il me garde serrée contre lui, aucun moyen de lui échapper.

Le lendemain matin, nous prenons notre petit-déjeuner ensemble. Quand il part, je lui donne un bon baiser sur la bouche. Après tout, nous avons vécu un moment privilégié. Oui, c'est facile de se retrouver nue dans un lit avec quelqu'un. Mais ça ne se fait pas sans un certain abandon de soi. J'ai un tel besoin d'aimer et d'être aimée.

Je quitte pour une semaine et je vais me réfugier chez ma mère qui habite sur le bord du lac des Deux-Montagnes, c'est beau et calme. J'en ai besoin.

Une semaine plus tard, je reviens chez Normand. Un message m'attend, qu'un numéro de téléphone, pas de nom. Trente ans plus tard, je me souviens encore du numéro! Je me nomme et c'est Roger qui répond. Je n'en reviens pas! Il me donne rendez-vous pour souper. Par la suite, nous formerons un couple durant seize ans et, après notre séparation, nous sommes restés les meilleurs amis du monde durant plus de treize ans. Qu'aurais-je fait sans lui? J'avais un tel besoin de sécurité, de grandir et d'être aimée plus que tout. Roger avait trois enfants, dont des jumeaux, un garçon et une fille, avec qui j'ai noué un lien très fort.

La différence d'âge me rend encore différente des autres et j'ai beaucoup fait jaser. Notre amour est fort, notre intimité si unique que je ne m'arrête pas au jugement des autres. L'important c'est l'intensité, l'authenticité de cet amour atypique. Suis-je obligée de suivre les règles établies? L'important n'est-il pas d'aimer et de l'être en retour? Définitivement, oui! Quand ma relation avec Roger s'est terminée, j'ai erré dans de difficiles relations amoureuses. Beaucoup de rencontres avec des hommes qui ne m'aimaient pas d'amour dont, malheureusement, je tombais follement amoureuse. Je croyais que je ne valais pas grand-chose si je n'avais pas un homme dans ma vie. Puis, un jour, j'ai cru rencontrer le prince charmant. J'étais convaincue qu'avec lui je deviendrais une femme extraordinaire. Je me projetais dans le futur : forte, fière, épanouie, confiante et plus encore.

Quelle ne fut pas encore ma déception quand le beau prince refusa systématiquement toute relation amoureuse! Nous n'étions pas sur la même longueur d'onde, disait-il. Une fois de plus, j'allais encore m'écrouler, et cela, jusqu'à ce que je décide de ne pas me laisser envahir par mon sentiment de rejet. Je réagissais enfin à ma dépendance affective. Je décidai de laisser partir le prince et de garder le cheval afin de galoper sur mes projections et devenir ce que je veux être, sans nécessairement avoir un homme à mes côtés. Comme une illumination, je comprends qu'avant d'aimer et d'être aimée par quelqu'un d'autre, il est urgent que je sois en état d'amour avec moi-même et dans tous les moments de ma vie. Est-ce cela de la maturité? Au-delà de l'amour entre un homme et une femme, il y a l'état d'amour. Le pur amour. L'Amour. Source de vie.

CHAPITRE ONZE

Harcèlement psychologique

Permettez-moi de partager une expérience avec vous que plusieurs ont déjà peut-être vécue. Peut-être comme moi vous demandez-vous encore : comment ai-je bien pu me laisser traiter de la sorte?

Voici des propos que j'ai trouvés dans un vieux journal de bord. Nous sommes en 2005. *« C'est difficile de travailler dans un centre de femmes. Comment survivre à du harcèlement psychologique? Cela va bientôt faire quatre ans que je travaille avec toutes ces dames du conseil d'administration. Je reçois plusieurs petits signes que je n'arrive pas à croire. Je n'ai plus accès au courrier électronique. Mon ordinateur est toujours en panne. Quand je suis seule au bureau, l'accès à l'ordinateur est verrouillé. Elles partent dîner sans m'inviter. Elles font des réunions sans que je sois convoquée. Il est difficile d'expliquer concrètement le harcèlement psychologique. Ce sont des sensations, des intuitions, c'est tellement insidieux. Les demandes que je faisais depuis que je suis impliquée dans le Centre qui étaient acquiescées au début me sont aujourd'hui systématiquement refusées. J'apprends par personne interposée que je ne suis pas invitée à participer au colloque de l'année au Lac à l'Épaule où j'étais présente les trois années précédentes. Quand je dénonce cette situation, elles prétendent que je suis folle, que c'est dans ma tête!*

Les dames du CA ainsi qu'une des employées veulent ma démission. Contre vents et marées, je suis toujours là. Je me sens infantilisée, bâillonnée, jugée. Je suis sans doute exploitée, mais c'est un peu de ma faute. J'ai une mission, je veux sauver les femmes. Je fais de tout dans ce Centre : de la consultation individuelle, de l'animation, du soutien de crise. J'organise des soirées, les manifestations du 8 mars, du 6 décembre, les points de presse, les collectes de fonds, et je suis de plus en plus envoyée en mission dans les nombreuses tables de concertation de la région. Je suis impliquée jusqu'au cou.

Je me souviens d'une nuit blanche alors que je suis toute seule au Centre à faire le ménage afin que l'ouverture officielle ait lieu malgré la tempête occasionnée par le congédiement de l'ex-coordonnatrice qui poursuit le CA aux normes du travail. Je ne peux même plus prendre le temps d'une pause lunch tellement je suis occupée et, en plus, elles ont décidé que mes rencontres individuelles ne seront plus comptabilisées sur ma feuille de temps! Quoi penser? »

Comment ce difficile épisode de ma vie a-t-il commencé?

Après ma première année d'études au Centre québécois de programmation neuro linguistique, j'estime avoir beaucoup reçu. Je suis gonflée à bloc. D'un autre côté, je me sens isolée dans ma bourgade à ville Lorraine. La solitude est lourde, le vide provoqué par l'oisiveté me pèse énormément, j'ai l'idée d'offrir mes services à ce centre de femmes. Comme je suis féministe depuis toujours, que j'ai la cause des femmes à cœur, il me semble évident de pouvoir contribuer à leur mieux-être.

Forte de ma formation en PNL, de mes vingt années d'expérience en enseignement au collège Lionel-Groulx à l'Option Théâtre en cours régulier et en formation continue, je crois que j'ai l'expertise nécessaire pour créer une série de huit ateliers d'épanouissement personnel que je propose donner bénévolement. Comme je suis encore étudiante et que je n'ai aucune expérience dans le domaine, je me dis que c'est donnant-donnant. Ça me permet d'expérimenter des exercices de PNL que j'ai déjà testés sur mes collègues de classe et sur moi.

Si mon souvenir est bon, il doit bien y avoir une douzaine de femmes qui s'inscrivent. Je suis très fière de constater que mes ateliers répondent à un besoin et qu'ils sont un moteur de changement pour les femmes qui se sont engagées dans ce processus. Je m'implique dans le Centre et, assez rapidement, les dirigeantes me demandent de faire partie du conseil d'administration.

Première expérience, j'ai beaucoup à apprendre. Le Centre doit déménager pour devenir propriétaire, elles sont à la recherche d'une maison. Les conflits avec la coordonnatrice commencent à se faire sentir.

Ici, je fais un autre bond dans le temps pour faire avancer l'histoire. Dans un vent de paranoïa, les membres, fondatrices du Centre, présidente, vice-présidente, trésorière et administratrices obligent la coordonnatrice à démissionner. La situation n'est pas claire, mais alors là, pas du tout. Je suis encline à pencher du côté du CA à ce moment-là, car leur version des faits semble tellement véridique.

J'aurais dû me méfier le jour où le conseil d'administration m'a donné comme mandat de me rendre au magasin LA SOURCE avec un fil, pour demander si ce n'était pas un accessoire pour faire de l'espionnage, comme dans un film de James Bond. Les patronnes croient que le Centre est sur écoute parce que l'employée mise à la porte continue d'être au courant de tout ce qui se dit dans le Centre. Il doit y avoir une taupe! Toujours est-il qu'un matin, je reçois un appel téléphonique de la présidente qui m'offre de m'embaucher pour m'occuper de la levée de fonds qui est déjà amorcée. Je dois quitter le CA, mais qu'à cela ne tienne! Toutes ces réunions où on se prend pour des patronnes de multinationales m'ennuient... Je préfère l'action.

Je suis donc tour à tour employée à la pige, bénévole et surtout très impliquée. Je ne compte pas mes heures. Je me sens utile auprès de ces femmes dans le besoin. Certaines s'en sortent, d'autres pas, mais toutes ont besoin d'un endroit comme cette maison pour briser l'isolement, suivre des ateliers, travailler leur estime de soi, trouver des solutions et améliorer leur sort. Je participe à un atelier intitulé *Prendre sa place* qui est animé par Marie-Pascale Roquebrune. C'est un atelier fantastique qui utilise le dessin pour plonger et chercher les blocages et les comportements destructeurs et pour les interpréter. Je fais la connaissance des femmes de la lignée que je porte en moi. J'y trouve les faiblesses, les richesses, les commentdu-pourquoi de tous ces sabotages. N'en tient plus qu'à moi de me sortir de cette spirale infernale. Mon besoin d'évoluer, ma démarche en PNL me fournissent les outils, les armes nécessaires pour évoluer. Une vie à grandir!

Je me fais des amies et des complices parmi les participantes et les dames du conseil d'administration, anciennes syndicalistes et professeures maintenant dévouées à leur Centre. Elles sont mes mentors, je les admire. Elles mènent le Centre de main de maître. Nous avons la même mission. Elles m'adorent et me font confiance. Je les invite à ma table, la vie est belle. Nous travaillons et levons nos verres à l'égalité entre les femmes et les hommes. Nous continuons à travailler concrètement à cette révolution féministe qui n'en finit plus de finir. « La révolution la plus lente que l'humanité n'ait jamais connue! » comme le disait si bien Hélène Pedneault.

Je ne suis pas certaine de ce qui a fait tout basculer, mais je crois que c'est lors d'une réunion d'une des coalitions « Table sur la santé mentale » réunissant tous les organismes de la région où je me suis exprimée, beaucoup trop. Cette rencontre dure presque trois heures. Un tour de table interminable où chacune donne des nouvelles de son organisme et où finalement il reste très peu de temps pour discuter des vrais dossiers.

Ce que je ne sais pas à ce moment-là, c'est que tous les dossiers qui sont sur la table le sont probablement depuis longtemps et doivent l'être encore aujourd'hui parce que finalement, malgré toutes les réunions, les coalitions, les mémoires, les dossiers n'avancent pas vraiment. Ils ont intérêt à ne pas avancer, trop de postes sont en jeu dans le communautaire. Le système est constitué de telle façon que les choses n'avancent pas. Toujours est-il que ce matin-là, j'ose dire que le réseau de la santé de notre région est très déficient au niveau de la santé mentale et surtout, très peu respectueux des membres impliqués? Comment ne pas être scandalisée du travail effectué par les psychiatres dans les hôpitaux et dans les CLSC? Que font-ils à part recevoir les malades quelques minutes dans leurs bureaux et leur prescrire des médicaments, pour ensuite les confier aux travailleuses sociales qui les envoient au centre communautaire parce qu'elles sont débordées?

Comment ne pas dénoncer la politique du CLSC qui propose aux bénéficiaires des thérapies individuelles gratuites, mais qui met fin aux rencontres après quinze séances? J'ai pu en constater la conséquence, entre autres, sur mon frère. Nous savons tous qu'une thérapie, c'est une démarche. Donc, si on se base sur leur déontologie, comment peut-on consciemment décider de laisser partir un patient qui a ouvert tous les canaux pour tenter de guérir ses blessures et qui est en processus de comprendre?

Mon frère a été abandonné dans la colère et depuis, il ne démord pas, le voilà plus malheureux qu'avant cette démarche. Comment passer sous silence le salaire des travailleuses sociales dans les CLSC et celui de celles qui travaillent dans les centres communautaires? Comment justifier cet écart? Les travailleuses communautaires ont de plus en plus d'années d'études à faire pour être en mesure d'offrir de bons services. L'organisation de la santé mentale fait bien pitié au Québec encore plus depuis la désinstitualisation des services.

Je ne vous dis pas le téléphone que la responsable du CLSC a fait auprès de la présidente du CA après ces critiques et ces pistes de réflexion. Ne sommes-nous pas là pour dénoncer les injustices, les iniquités? Ce fut la descente aux enfers pendant des mois jusqu'à ce qu'un matin, je me présente pour animer un atelier dont j'étais responsable depuis janvier et les patronnes refusent que j'entre au Centre. Il ne me restait que quelques ateliers à donner avant que le centre ferme pour l'été. Les membres du conseil exécutif remettent en question mes compétences. Ça fait quatre ans que je travaille pour elles et elles ne sont plus certaines si je suis assez compétente pour travailler avec les femmes!

Je suis dans une organisation où l'on consomme de l'employée à tour de bras. Au cours de toutes ces années, elles sont en litige avec l'ex-coordonnatrice et, par la suite, avec une autre employée avec qui j'ai partagé le bureau. Les normes du travail les ont obligées à payer jusqu'à ce jour plus de trente mille dollars pour harcèlement psychologique. Un an après mon départ, le même scénario, le Centre sera obligé de verser une autre somme importante à une autre femme. Chacune des victimes a signé un document à la suite d'arrangements pour garder le silence. Les normes du travail contribuent à l'achat du silence des employées. Une aberration!

Comment changer les choses si personne ne peut rien dire? Je suis dépitée, je n'aime pas l'impuissance. Je suis convaincue qu'il est possible d'arrêter ce harcèlement psychologique systémique. J'ai téléphoné plusieurs fois à l'Agence (l'organisme de santé et de services sociaux de la région) qui allègue ne pas pouvoir prendre position dans ce type de dossier, et cela, malgré ces *arrangements monétaires* pris à même les subventions du Centre. L'Agence affirme ne pas avoir reçu de mandat pour intervenir dans les cas de harcèlement psychologique.

Même le conseil d'administration du Réseau des femmes des Laurentides décide qu'il ne peut pas et qu'il ne veut pas intervenir malgré les drames épouvantables que les travailleuses du centre subissent depuis des années. C'est une aberration. De la solidarité, dites-vous? De quoi parlent toutes ces associations quand elles affirment pratiquer une gestion féministe? Nous sommes dans une organisation tout ce qu'il y a de plus hiérarchique, et au point où j'en suis dans ce chapitre, je peux affirmer qu'une grande partie de la structure féministe et militante est absolument hiérarchisée... Elles ont reproduit ce qu'elles dénoncent haut et fort; elles ont peur de tout ce qui est différent de l'image d'une féministe même.

Un an plus tard, le groupement *Relais Femmes* refuse que je participe à un atelier de perfectionnement sur un de leurs ateliers parce que je ne fais plus partie d'une équipe. Nous sommes en pleine campagne pour sortir les femmes de la pauvreté. Comment savoir si je ne serai plus jamais employée dans un Centre? Pourquoi ce refus? Parce que je ne corresponds pas à l'image de la travailleuse dans le communautaire? Parce que je suis une personnalité publique? Pourquoi? Je me sens trahie. Je suis tétanisée, sans voix, vidée. Vraiment, je me demande comment, encore une fois, je vais m'en sortir.

Une amie qui étudiait en *Émotivo-Rationnel* vient pratiquer chez moi pendant plus de trois heures. Elle me fait cheminer, me fait prendre du recul afin que je reconnaisse qu'elles ne m'ont pas enlevé ma propre valeur. Elles sont ce qu'elles sont, et moi, je reste avec toutes mes richesses si durement acquises non seulement tout au long de ma vie, mais au cours des dernières années. Je ne leur permettrai pas de m'écraser. Ça, c'est le point de départ que j'inscris quelque part à l'intérieur de moi. Encore une fois, je dois cheminer.

À cinquante-quatre ans, je suis devenue une grande personne, je ne suis plus une petite fille qui croit que *tout le monde il est beau, tout le monde il est gentil*. Il m'est encore aujourd'hui impossible de comprendre de façon rationnelle ce que je venais de vivre, surtout avec ma forte personnalité. Nulle n'est à l'abri. Du plus loin que je me souvienne, jamais je n'avais vu autant de malhonnêteté intellectuelle.

Cette année-là, j'avais assisté à une conférence de l'auteur à succès Jacques Salomé. Tout ce que j'ai retenu, c'est qu'il est plus facile d'*accueillir* que de repousser, de subir et de souffrir. J'ai regardé cette peine comme on regarde un enfant. Puis, tout doucement, j'ai eu l'intuition de me demander quel âge avait cette peine. Elle avait sept ans. Une peine insoutenable, lourde à en exploser, à en mourir. Un événement extérieur à propos duquel je n'avais aucune possibilité de faire semblant qu'il n'avait pas eu lieu. Il me fallait trouver la force nécessaire pour rebondir sans que les séquelles provoquent trop d'effets secondaires. Que faire? Qu'est-ce qui m'allumait quand j'étais petite? Qu'est-ce qui m'a sauvée? Ma vie spirituelle et mon corps.

Je me suis procuré des rubans de gymnastique et je me suis mise à danser, à célébrer la vie comme quand j'étais petite et que je faisais de la danse artistique, de la gymnastique au sol, des appareils. J'ai encore créé le mouvement. Mieux encore, j'ai retrouvé un corps de jeune fille, la mémoire du muscle, c'est ce qu'il y a de plus merveilleux. Je me suis refait un corps que je n'avais plus depuis des années. C'est comme si la mémoire avait sculpté à nouveau ce qui s'était dégradé depuis longtemps. Dommage que nous ne puissions pas faire la même chose avec notre visage!

L'important, c'est d'être en mouvement.

J'ai eu la chance d'être recrutée par un autre Centre de femmes, après cette expérience difficile et malencontreuse, ce qui m'a permis de continuer à travailler avec tous les organismes féministes. Nous étions alors en pleine organisation de la Marche mondiale des femmes qui eut lieu en octobre 2010. J'ai donc travaillé très fort pendant quelques mois avec Geneviève Young, une personnalité phare dans les Basses-Laurentides, pour créer un événement d'envergure pour le lancement officiel de la marche, soit le 8 mars. Je participe aussi à des réunions avec la Fédération des femmes du Québec et le Réseau des femmes des Laurentides pour préparer la Marche mondiale des femmes, et cela, jusqu'au jour où je me suis retrouvée à l'urgence de l'hôpital, une semaine avant la fameuse grande soirée de la Journée internationale des femmes, soit le 1er mars 2010. C'est ici le point de départ de ce récit.

Depuis je ne fais plus de militantisme dans aucun organisme féministe.

Si j'analyse le monde du travail maintenant, toutes les coupures budgétaires, combien d'entre vous n'aurez plus d'emploi ce soir: perte d'identité, appauvrissement, maladie mentale, où s'arrêtera donc la machine? Que pouvons-nous faire pour arrêter le cercle de la pauvreté, du repli sur soi, de l'épuisement professionnel, de la perte d'identité, de la dépression nerveuse? Se prendre en main? Apprendre à s'aimer?

Comme me le disait une bonne amie de soixante-quinze ans : « Tous les jours, je me donne un coup de pied là où le dos perd son nom. » Souvent, nous nous imaginons que c'est plus facile pour les autres. L'attitude, c'est quelque chose de très important dans le monde du travail moderne. Chaque jour, choisir d'être en état d'amour. C'est valorisant d'aider les autres, mais quand nous ne pouvons pas le faire pour soi-même, il y a un problème!

J'ai donc décidé de devenir la personne la plus importante pour moi.

CHAPITRE DOUZE

Ressources

Voici des outils que je vous suggère, en plus du recueillement, de la méditation, du yoga, de l'autohypnose et de la cohérence cardiaque qui m'ont amenée vers une rémission d'un cancer incurable, neuf mois après avoir reçu ce diagnostic.

1.- <u>Danser, bouger et, en prime, la queue de dinosaure</u>

Quoiqu'il arrive, je suis convaincue qu'en créant le mouvement avec le corps, tout se transforme beaucoup plus vite pour atteindre les objectifs que nous nous sommes fixés. Le corps enregistre tout. Le but derrière l'idée de bouger, de danser, de faire de l'expression corporelle, c'est d'éliminer toutes les tensions. Oui, c'est une bonne idée de s'inscrire dans un centre de conditionnement physique, de suivre des cours de yoga, de tai-chi, de faire du reiki, mais ce qui est essentiel par-dessus tout, et nous ne le répéterons jamais assez, c'est de se mettre en forme.

Faire de l'exercice. Ah! Faire de l'exercice! Toutes les excuses sont bonnes pour ne pas en faire. « Je n'ai pas d'argent pour aller en salle » « Ça ne me tente pas. »

Personnellement, je fais tout à la maison. Avons-nous besoin de tous ces appareils? La grande forme, est-ce qu'elle appartient qu'aux gens riches? C'est à se demander. J'ai des amis qui sont présidents de société et qui n'arrêtent jamais de s'entraîner. Ils me disent : « Un président doit être en forme, avoir les idées claires, les journées sont longues, les décalages horaires fréquents, les réunions nombreuses. » Alors, devenons présidente de notre vie! Travaillons au bénéfice de notre entreprise, la plus grande et la plus belle, celle de notre vie.

Il suffit d'un peu d'imagination : la marche à pied, la marche rapide, le jogging, les étirements, les rubans de gymnastique artistique, la bicyclette, les patins à roues alignées, la corde à danser, le trampoline, etc. Il y a de nombreux moments dans la journée pour faire de l'exercice comme, par exemple, le matin pour saluer la journée qui commence, sur l'heure du déjeuner, à la maison. Moi, je m'offre le luxe de subvenir aux besoins de ma santé et de me muscler sans appareils sophistiqués. L'important, presque autant que la mise en forme, c'est l'expression de soi qui nous permet de relâcher les tensions, de faire le vide, de mettre les choses en perspective, de libérer notre créativité, de trouver des solutions, d'avancer pour ne pas stagner. Une façon simple et efficace d'y arriver, c'est de mettre un CD et de danser sur le rythme de nos chansons préférées.

Durant ma jeunesse, à l'école, nous faisions énormément d'expression corporelle. Dès que je me suis remise de mes opérations (un mois), c'est ce que je pratiquais allégrement tous les jours en priant. Je dansais, j'offrais mon corps à la vie, à la joie, à la lumière, à la guérison. Je le délestais de tout ce qu'il supportait, de tout ce qui l'amoindrissait. J'étirais mes muscles, je bougeais méticuleusement toutes mes articulations des doigts, des pieds, des jambes, des épaules, du bassin, du cou afin que mes membres ne s'ankylosent pas. D'autant plus que les effets secondaires de la chimiothérapie sont terribles sur le corps. Je me disais que si j'écoutais mes douleurs, j'allais être tellement mal en point après les traitements et que rendue à l'âge de cinquante-six ans, ce ne serait pas facile de me remettre en forme. Il est certain et ç'aurait été une erreur de me dire : « Pauvre petite, tu as mal, repose-toi et ne bouge pas ». Je me suis reposée, je n'en avais pas le choix, mais j'ai dansé comme jamais dans ma vie.

J'ai été en rémission pendant deux ans. Qu'est-ce qui m'a guérie? Chose est certaine, ça m'a aidée, la preuve est évidente! À chaque début d'atelier, nous commençons par danser et je vous jure que toutes les participantes m'avouent que ça les aide énormément. C'est une façon de s'oxygéner, de se procurer de la joie, de la fluidité, dans notre quotidien.

1.- <u>La queue de dinosaure</u>

Ça fait toujours beaucoup rire. Plusieurs sont sceptiques et, pourtant, ça fait tellement longtemps que j'ai développé ma queue de dinosaure que le bénéfice que j'en retire est inestimable.

Tout ça me vient de mon métier d'actrice. En effet, nous devons incarner des personnages qui ont leur façon unique de bouger, de respirer, d'être. Nous sommes obligées, soir après soir, de refaire la même chose, de devenir comme une marionnette que nous manipulons.

Alors, un jour, il m'est venu à l'idée de me rajouter une queue de dinosaure afin de pouvoir me manipuler efficacement. La queue me permet d'être solidement ancrée au sol. Elle me permet de conserver ma fluidité et mes assises. Quoiqu'il m'arrive, je ne suis jamais complètement déséquilibrée; j'ai toujours ma queue comme support. En prime, dans ma vie de tous les jours, je suis toujours en contact avec mon aspect reptilien, c'est-à-dire qu'au-delà de mes désirs se trouvent mes besoins fondamentaux. Et ce qui est chouette, c'est que nous pouvons l'enlever quand bon nous semble.

Comment travailler sa queue de dinosaure?

Ancrez bien les pieds au sol. Pliez légèrement vos genoux. Détendez vos épaules. Il est impératif de penser à détendre vos épaules dans toutes les circonstances de la vie. Cela nous amène directement vers la confiance, la détente et libère vos épaules du poids du monde.

Respirez profondément à votre propre rythme. Balancez-vous tout doucement, tout en faisant des ronds avec vos hanches. Libérez toutes les tensions dans vos épaules, votre dos, vos reins. Laissez-vous aller. Puis, concentrez-vous sur votre colonne vertébrale à partir de votre crâne, visualisez vos vertèbres une par une, lentement, jusqu'à votre coccyx.

À partir de ce point bien précis, avec l'aide de votre imagination, de votre capacité à visualiser, continuez à vous concentrer sur votre colonne vertébrale au-delà du dernier os existant. Créez-vous une queue de dinosaure. Ressentez-la bien, frottez-la lentement sur le plancher, comme si elle existait vraiment. Je vous vois déjà rire, décrocher, juger que trop, c'est trop. Je puis vous assurer que si vous travaillez votre queue de dinosaure, ça vous apportera une détente, une fluidité, une assise tellement forte que vous vous sentirez beaucoup plus en pleine possession de tous vos moyens. Personnellement, je travaille discrètement ma queue de dinosaure quand je vais faire mes courses tout simplement. Personne ne s'en rend compte, c'est à peine perceptible et cet état de conscience me ramène dans le moment présent et me procure une grande détente et une concentration hors de l'ordinaire. C'est comme une méditation active et facile. Un excellent moyen de river notre attention sur soi-même et ne pas se perdre de vue.

2.- <u>Un cahier de bord</u>

Procurez-vous un joli petit cahier dans lequel vous pourrez écrire vos états d'âme, vos réflexions, vos gratitudes, des notes de lecture, de bonnes adresses, des phrases inspirantes que vous glanerez ici et là au hasard, des affirmations positives. Ce *journal personnel* constituera un rendez-vous avec vous-même afin de vous concentrer pour continuer à respecter la personne la plus importante qui soit : vous-même.

Si vous désirez vous procurer une source d'influence, lisez le livre de Julia Cameron, *Libérez votre créativité.*

3.- <u>Mes vingt qualités et plus</u>

Écrivez au moins vingt qualités que vous possédez. Consultez la liste à la page 153 et cochez celles que vous possédez. Après un moment d'hésitation et de doute à l'idée de vous trouver toutes ces qualités, concentrez-vous et affirmez-les. Ça va déjà jeter un éclairage différent et surtout positif sur la belle personne que vous êtes. Vous vous sentirez beaucoup moins démunie et beaucoup plus forte pour affronter toutes les petites et grandes épreuves que la vie met sur notre chemin non pas pour nous écraser, mais plutôt pour nous aider à grandir en les surmontant. Vous serez étonnée de toutes les richesses dont vous ne soupçonniez même pas l'existence et que vous possédez.

4.- <u>Ma position d'excellence</u>

C'est le tout premier exercice que je propose dans mes ateliers. Il s'agit d'un outil puissant pour nous aider à maintenir le cap quand nous croyons que tout s'en va à la dérive.

Installez-vous confortablement sur une chaise, les deux pieds bien ancrés au sol.

Détendez vos épaules et respirez lentement et profondément. Prenez conscience de votre respiration, écoutez les bruits ambiants, autant ceux qui sont les plus éloignés que ceux qui sont plus près de vous. Sentez bien les parties de votre corps qui touchent à la chaise et les parties qui sont dans le vide. Détendez les muscles de votre visage.

Remémorez-vous un moment, une journée, une époque, un événement, un voyage, une situation où vous étiez particulièrement bien, où vous étiez en pleine possession de vos moyens, où vous vous sentiez en confiance, où vous étiez fière de vous, où le mot *bonheur* prenait tout son sens. Peu importe l'âge que vous aviez, prenez le temps de bien ressentir tout le bienfait que vous éprouvez à vous remémorer ce souvenir. Observez comme votre respiration est profonde, votre corps est détendu, les muscles de votre visage ont perdu toutes leurs crispations. Vous êtes bien, tout simplement bien.

Entrez dans ce souvenir et observez avec qui vous êtes, seule ou avec d'autres. Y a-t-il des sons? De la musique? Le bruit du vent? Des vagues? Des gens qui parlent? Des oiseaux qui chantent?

Y a-t-il des odeurs? Sucrées? Salées? De nourriture? De parfum?

Fait-il froid? Chaud? Est-ce humide? Est-ce qu'il pleut? Fait-il soleil? Êtes-vous à l'extérieur ou à l'intérieur?

Maintenant, plongeons plus profondément en répondant à des questions qui demandent des réponses plus symboliques afin que l'inconscient enregistre toutes ces informations pour créer solidement votre centre d'excellence afin de vous en servir pour vivre la suite de votre vie.

- Quelle forme donneriez-vous à cette sensation pleine de ressources?
  Ex. : ronde, ovale, triangulaire, en forme d'œuf, etc.

- Quelle couleur?
  Ex. : rose, jaune, rouge, bleu, etc.

- Quelle texture?
  Ex. : du velours, de la soie, de la ratine, de l'eau, etc.

- Quel mot symbolique pourriez-vous donner à cette puissance?
  Ex. : amour, liberté, force, cathédrale, etc.

Maintenant, collez votre pouce et votre index ensemble ou mettez la main sur votre cœur pour ancrer en vous cette information afin que vous puissiez refaire ce geste pour retrouver toute la force de ce centre d'excellence dans n'importe quelle situation.

Puis, prenez le temps de tout écrire dans votre journal personnel.

Vous pouvez pousser la créativité jusqu'à faire un dessin. Pourquoi pas?

5.- <u>Collage et prière</u>

Voilà bien une activité fort écologique et qui vous conduit de plus en plus dans vos forces et vos ressources pour vous aimer davantage chaque jour.

Si vous êtes comme moi, vous avez accumulé beaucoup de revues de toutes sortes, si vous ne les avez pas toutes distribuées dans les salles d'attente des médecins, du dentiste, à l'hôpital. Voici une bonne façon de les réutiliser avant de les déposer dans le bac à récupération. En plus, cette belle activité peut se faire avec des amies, avec sa fille, sa mère ou avec des collègues de travail.

Chaque participante doit avoir un grand carton couleur, un bâton de colle et un ciseau.

Choisissez une belle musique d'ambiance douce et réconfortante. Découpez des images dans les revues et des mots qui vous parlent à coller sur votre carton. Vous allez écrire votre histoire d'une autre manière. Les premières images servent à évoquer ce que vous êtes, d'où vous venez, ce que sont vos valeurs et, plus vous découpez, plus vous vous projetez dans le futur.

Quand vous avez terminé votre découpage ou au fur et à mesure, collez le tout sur votre carton. Celles qui ont le goût d'être plus créatives pourront, avec un bâton de colle chaude, intégrer des brillants, des plumes, de la dentelle.

Quand vous décidez que votre collage est terminé, avec de la gommette, accrochez-le au mur. Il devient comme un phare dans votre vie. Regardez-le et observez consciencieusement, amoureusement, avec compassion et laissez-vous inspirer pour écrire une prière dans votre journal personnel. Je vous suggère aussi de la coller quelque part dans votre bureau, sur la porte du réfrigérateur, dans la salle de bain, dans un endroit où vous pourrez la lire quand le besoin se fera sentir.

Voici un exemple de prière :

Je suis force, je suis lumière, je suis guérison.
Je danse, je célèbre la vie pour la joie, pour l'amour.
Que toutes les déesses du ciel et de la terre
accompagnent mes jours et mes nuits.
Je rends grâce pour toutes les bontés
que vous avez pour moi et
pour toutes celles à venir.
Que la grâce soit avec moi!

6. Se fixer un objectif personnel ou professionnel

C'est parfois difficile de se fixer un seul objectif. Dans la vie, règle générale, nous avons beaucoup d'objectifs : Prendre ma place, gagner ma vie, avoir confiance en moi, retrouver ma force vitale, changer de métier, organiser mon bureau, etc. Qu'à cela ne tienne, écrivez-les tous dans votre cahier de bord. Ensuite, vous pourrez travailler à définir leur priorité, à décider lequel vous jugez important d'approfondir. Souvent, le fait d'atteindre un objectif provoque un effet domino et, de ce fait, notre vie s'aligne de façon naturelle.

Quels sont les critères d'un bon objectif?

(Ce qui suit est une adaptation libre de mes notes de cours, de lecture en PNL, de discussions entre collègues) :

Un objectif doit être énoncé de manière positive et spécifique.

Exemple A : Je ne veux plus crier. Il est préférable de dire : Je veux des relations harmonieuses. Encore mieux : Je veux des relations harmonieuses, avec quelles personnes? Avec mes enfants, mes collègues, mon amoureux, mes parents, etc.

Exemple B : Je n'aime pas mon métier. Il est préférable de dire : Je veux changer de métier. Je veux grandir dans mon métier.

Votre objectif est-il observable? Comment saurez-vous concrètement que vous aurez réalisé votre objectif?

Exemple A : Mes relations sont beaucoup plus harmonieuses. Je suis plus détendue. Mes enfants sont plus respectueux.

Exemple B : Je suis inscrite à un nouveau cours.

Je suis bien dans ma peau, je suis fière de moi, je veux une promotion, je suis plus calme, etc.

Y a-t-il des empêchements?

Exemple 1 : Y a-t-il quelqu'un de votre entourage qui a intérêt à ce que vous ne changiez pas?

Si nous gardons l'exemple énoncé ci-dessus, il se peut qu'un des membres de votre famille ou une collègue au bureau préfère que vous ne changiez pas parce qu'elle ne veut pas perdre l'ascendant qu'elle a sur vous. Souvent, les proches préfèrent que nous restions ce que nous avons toujours été, car obligatoirement, les transformations que nous effectuons influencent souvent notre environnement pour le mieux.

Exemple 2 : J'ai quatre enfants à charge. Le cours que je veux suivre se donne à New York.

Il y a sans doute des solutions à trouver pour emprunter un autre chemin plus respectueux de votre environnement (famille, âge, santé, etc.).

Êtes-vous prête à faire des efforts pour atteindre votre objectif?

Que vous soyez seule ou accompagnée pour cheminer, bien entendu, il n'y a aucune solution miracle. Les transformations vers la réalisation de vos objectifs exigent d'y travailler. Je vous propose un énoncé pour ouvrir l'inconscient et le conscient afin de créer une synergie entre les deux pour que le travail se fasse concrètement :

> J'accepte profondément le changement, le chemin va se faire dans le sens que je veux. Je suis prête à accepter le processus et à prendre le temps qu'il faut. Je serai sans doute bousculée. J'agis au mieux de ma connaissance, je fais confiance à mon processus et à ma décision de

réellement atteindre mon objectif. Je découvre mes parties d'ombre, j'y mets toute la lumière nécessaire. Je ne suis pas dans le rêve et dans l'espoir, mais dans l'action. **Je me choisis!**

Quels sont les avantages de réaliser votre objectif? Qu'est-ce qui serait pire si vous ne le réalisiez pas? Qu'est-ce que vous voulez devenir? Qu'est-ce que vous ne voulez pas devenir?

Posez-vous simplement ces questions et répondez-y dans votre cahier de bord. Observez les avantages et les désavantages. Constatez les conséquences et les actions à entreprendre pour cheminer allégrement vers vous-même.

Évaluez dans combien de temps vous comptez réaliser votre objectif. Trois, six, douze mois?

7.- Les cinq ressources

Quelles sont les cinq ressources dont vous avez besoin pour atteindre votre objectif?

Exemple : J'ai besoin de courage, d'humour, de persévérance, de dynamisme et d'imagination. (Consultez la liste des qualités et des ressources.)

Concentrez-vous sur chacune de ces ressources, une à la fois. Laissez-vous envahir par cette ressource et tentez de vous souvenir d'une époque de votre vie, peu importe laquelle. Remémorez-vous un événement, une activité de votre passé où vous avez senti pleinement la force et le soutien de cette ressource. Ressentez les sensations que vous éprouviez dans votre corps dans ces moments et ancrez-les à nouveau pour qu'elles redeviennent des munitions dans vos démarches, dans vos étapes, dans votre vie.

Comme pour le centre d'excellence, trouvez une couleur, une texture, un mot symbolique. Écrivez tout ça sur un carton (style papier de bricolage), une ressource par carton, chacune sa couleur.

Déposez les cartons par terre. Trouvez un geste symbolique par ressource. Puis, enchaînez-les comme une chorégraphie. Au-delà des mots et pour les nommer consciemment, vous inscrivez dans votre corps et dans votre inconscient des processus de transformation très forts. Chose est certaine, vous renforcez votre estime personnelle. Vous vous retrouvez avec tellement de possibilités. Vous aviez peut-être oublié que vous étiez pleine de ressources.

8.- Projection dans le futur

Maintenant que votre objectif est ciblé, que vous avez identifié vos cinq ressources, que vos qualités décuplent votre force, que votre centre d'excellence est bien défini, que votre collage vous permet de visualiser, que vous avez créé votre prière, retournez en mode détente. Faites comme si l'objectif était atteint, comme si une bonne fée avait pointé sa baguette sur vous, comme si vous vous réveilliez et que tout était changé. Qui êtes-vous quand l'objectif est atteint? Qui êtes-vous pour les autres? Abandonnez-vous à cet exercice, il est puissant.

Fermez vos yeux. Détendez vos épaules. Les pieds bien ancrés au sol, respirez profondément. Demandez à votre inconscient de venir vous aider. Répondez à ces questions en vous projetant dans le futur.

<u>Comment sera mon environnement quand mon objectif sera atteint?</u>

Dans quel endroit serais-je? Avec qui? Quelle sera l'ambiance? Les odeurs? Les sons?

Les questions pour l'ancrage : Quelle est la forme? La texture? La couleur? Le mot symbolique?

<u>Quels sont mes comportements?</u>

Quelles sont vos actions? Comment vous sentez-vous? Exemple : À l'aise, confiante, souriante, dynamique, je respire mieux, j'ai le dos droit, je dis ce que je pense, je suis inscrite à des cours, je prends soin de moi, je tiens à moi comme à la prunelle de mes yeux, je deviens la personne que je désire être, et cela, peu importe le regard des autres. J'arrête d'avoir peur, etc.

Quelle est la forme de tout ça? La texture? La couleur? Le mot symbolique?

Quelles sont les capacités et les ressources que j'utilise?

Je reconnais les expertises que je possède. Je fais confiance à mon intelligence, à mon intuition, à mon courage.

Je n'ai plus peur de nommer mes limites, je m'exprime en toute confiance, je suis capable d'émettre mes désirs, je connais mes besoins, je suis reconnaissante, j'apprends à m'aimer, etc. Quelles aptitudes dois-je développer?

Toujours les mêmes questions :

- la forme?

- la texture?

- la couleur?

- le mot symbolique de ma réflexion?

<u>Quelles sont mes valeurs et mes croyances qui sous-tendent tout cela?</u>

Qu'est-ce qui est important pour moi dans ce nouvel environnement, avec ces capacités, ces comportements? Quelles sont les valeurs que j'exprime et que je préserve à l'intérieur de moi? Quels sont mes guides?

Exemple : le travail bien fait, l'honnêteté, le partage, l'abondance, la famille, l'amour, la recherche, les solutions, etc.

Toutes ces réponses ont une forme, quelle est-elle? Une texture? Une couleur? Un mot symbolique?

<u>L'identité</u>

Qui suis-je dans cet environnement, avec ces comportements, ces capacités, ces valeurs? Qu'est-ce que je suis devenue? La personne la plus importante pour moi. Être soi dans toute sa splendeur, son unicité, son authenticité, ses vérités.

Exemple : je suis une femme autonome, je suis un pilier, je suis une patronne, une chef de famille, une battante, une guerrière, un soleil, une cathédrale, etc.

Toutes ces réponses et bien d'autres ont quelle forme? Quelle texture? Quelle couleur? Quel mot symbolique?

Ma mission de vie - spiritualité

Quelle aspiration profonde soutient tout ce cheminement? Qu'est-ce qui vous guide et vous porte? À quelle cause servez-vous qui est beaucoup plus grande que vous?

Exemple : Je donne de la joie, de la lumière. Je contribue à un monde meilleur, je guéris, etc.

Quelle est sa forme? Sa texture? Sa couleur! Quel est le mot symbolique?

Je vous suggère d'écrire chacun des niveaux sur des cartons de couleurs différentes, de les déposer par terre à la suite des cartons de vos cinq ressources et de trouver un geste significatif pour chaque niveau. Prenez le temps de danser sur vos deux séries de ressources et de projection dans le futur. Ça devient votre danse, votre chorégraphie qui trace le chemin dans votre inconscient très profondément et qui commande à tout votre corps, votre cœur, votre esprit de suivre le chemin, votre chemin, vos choix, vos actions.

Créez le mouvement vers la satisfaction de vos besoins et plus encore!

CHAPITRE TREIZE

Vivre

À partir de maintenant, j'aimerais sincèrement que mon histoire puisse vous inspirer, vous encourager à trouver la force de déplacer vos montagnes, vous procurer la témérité nécessaire pour vous engager dans des sentiers inconnus, à la recherche de *vos* solutions. Et cela, avec toute la confiance, tout l'enthousiasme et toute la créativité qui habitent votre tête, votre cœur, votre corps, votre âme.

C'est vrai que ce n'est pas toujours facile de gérer nos échecs. Par contre, il ne faut jamais perdre de vue qu'ils font parfois de l'ombre à nos réussites. La folle du logis adore ressasser ses malheurs.

Depuis qu'on m'a annoncé que j'ai un cancer incurable, je me suis réunifiée. Me voilà devenue une équipe avec moi-même.

Premièrement, il y a la petite fille qui prenait toute la place. Évidemment, sa peine est grande, sa colère vibrante, son sentiment d'injustice insupportable. Depuis son enfance qu'elle se sent abandonnée, trahie, rejetée! Est-ce cette petite fille qui m'amène si près de la mort? Et si la réponse était oui? Il est impératif qu'elle me conduise plus loin que toutes mes résiliences, plus loin que mes secrets de famille, plus loin que mon mal-être. Elle m'étouffe autant qu'elle me porte! Son babillage intérieur négatif me précipite vers un réflexe destructeur. D'un autre côté, elle me permet de m'exprimer au-delà de tous les jugements, au-delà du regard des autres, et cela, avec toute l'originalité de sa candeur. Elle me maintient dans une vitalité hors du commun. Elle est belle, expressive, spontanée, unique. Je ne l'ignore plus. Je la prends par la main et elle devient une source infinie de ressorts et de ressources. Je l'expose à la lumière et l'abandonne à la femme que je suis devenue. J'ai tous les âges en moi.

Deuxièmement, il y a la femme à la croisée des chemins. Il est urgent que cette adulte reprenne le contrôle de cette enfant blessée. C'est terminé, elle ne gouverne plus ma vie. Je l'accueille dans ses peines et ses colères pour lui redonner des moyens de se refaire une santé. Je m'engage dans une relation saine avec sa part d'ombre autant que toutes ses couleurs flamboyantes. La femme gambade avec la petite et elle vit en parfaite harmonie consciente de ses besoins fondamentaux, loin des clichés, des "ce qu'il faut", des "ce qu'il doit", des "ce qui ne se peut pas", et cela dans la reconnaissance de sa pleine potentialité, dans le moment présent.

Troisièmement, et finalement, la femme sage qui me permet de m'abandonner à la source de mes intuitions, de mes besoins, de mon inconscient, de mon expression, de ma créativité, de ma virilité, de ma féminité. Cette source m'entraîne vers ce qu'il y a de plus grand que moi, vers ma divinité.

Et toutes les trois dansent ensemble mariant le passé, le présent et le futur. Je suis forte de toutes les batailles passées et de toutes celles qui me restent à livrer. Tant que je ne suis pas dans une petite urne, il est toujours temps de m'améliorer, car je ne suis pas à l'abri d'autres tempêtes.

Je ne veux plus perdre de temps à imaginer ce qu'on pense de moi. Du coup, je suis dégagée de ce que les autres pensent de moi. C'est l'opinion que j'ai de moi qui compte! Je reconnais mon unicité. Je cesse de prendre pour des vérités ce que je crois que les autres peuvent dire de moi. Toujours me souvenir que j'ai la chance d'être entourée de personnes qui m'aiment, et qui me le prouvent. Chaque jour, je prends le temps de compter mes bénédictions. Je me suis tellement habituée à écouter le négatif, à entendre ce qui vient nourrir mes fameuses *bibittes*. J'apprends à être reconnaissante. Je suis si expressive, si extravertie, si différente, si trop! Ce sont les autres qui ne sont peut-être pas assez? Mon originalité est ma force. Je choisis de renaître à ma vie et je me donne toute l'affection nécessaire. Était-il nécessaire d'attendre la veille de mourir pour décider de me transformer de l'état de chenille et devenir un merveilleux papillon?

Je veux créer en moi l'énergie propice afin d'aller vers d'autres comportements, petit à petit, avec patience, douceur et élégance. Je ne veux plus m'imposer de discipline, mais développer des rites personnels et évocateurs, des gestes du quotidien qui deviennent prières, invocations. Je danse. J'allume une chandelle. Je me félicite. Je m'enlace. Je me détends. Je me donne de l'amour.

Célébrer! Vivre dans la joie! La joie de vivre! L'exprimer! Je suis folle, je suis différente, je suis pleine de contradictions. J'aime ce que je suis devenue. Je suis unique et je l'assume!

Je suis comme une majorette, comme un porte-drapeau, comme un flambeau. De quoi ai-je besoin de plus? Me choisir des modèles d'inspiration pour me propulser, m'influencer, me stimuler, m'encourager, me soutenir. Il existe tant de femmes admirables à modéliser.

À partir du moment où je décide de prendre les moyens pour changer d'éclairage et me faire de nouvelles empreintes, il m'est beaucoup plus facile de traverser les épreuves qui n'en finissent plus de m'assaillir depuis quelques années. Ce dont je me rends compte en vieillissant, c'est que j'étais mon pire prédateur. J'exerçais sur moi une telle violence. En me prenant en main, je me suis apaisée. De mon plein gré, j'ai choisi la façon dont je voulais vivre ma vie et dans quel esprit.

Est-ce que je garde mon emploi ou non?

Qu'est-ce que je peux faire pour améliorer mon sort?

Quelles sont mes forces?

Est-ce que mes faiblesses ne sont pas des sources d'informations sur des actions à entreprendre?

Tout est source d'informations. Si je ne sais pas ce que je veux, si tout s'entremêle dans ma tête, le mieux à faire, c'est de me recueillir, méditer, faire de l'autohypnose et demander à mon inconscient de me montrer le chemin, de me donner des réponses. Il est si important de prendre le temps d'observer ses émotions, de les questionner. Elles sont pleines de réponses et de solutions.

Cesser de nourrir ce qui me dévalorise. Ai-je si peur de ce que je suis? Ai-je peur d'affronter la grandeur qui m'habite?

J'ai cinquante-sept ans, je suis en rémission d'un cancer incurable et en récidive d'un nouveau *tout petit* cancer. Pour être franche avec vous, j'ai très peur de mourir, même si je sais que c'est là la suite logique des choses. Je suis toujours féministe, mais je ne suis plus une militante active. Roger est décédé en octobre 2010 au même moment que je m'envolais vers Paris. Dans la famille, on se dit qu'il est parti avec mon cancer. C'est peut-être vrai parce que je me suis fait enlever Freddy au mois de janvier 2011 et je n'avais plus aucune trace de métastases. Mais voilà, il est revenu, ce cancer. Qu'importe! J'ai du tempérament, je vais me battre! Ce sera un dossier à suivre.

Pour le moment, je suis en vie et je suis convaincue que nous avons tout en notre pouvoir pour aimer, être aimée, s'aimer soi-même, vivre dans le moment présent, cultiver la joie, croire en soi, être sereine, reconnaissante, se guérir et surtout, être une vivante-vivante!

Écrire ce livre avait pour but de vous encourager à accueillir la lumière en vous, à respirer la joie de vivre, l'amour de soi et du prochain et créer le savoir **ÊTRE**.

Vivre avant de mourir!

Hauts-les-cœurs!

Je vous laisse donc sur ce texte vraiment touchant qui est un merveilleux résumé de ce dont j'ai voulu partager avec vous :

LE JOUR OÙ JE ME SUIS AIMÉE POUR DE VRAI

Le jour où je me suis aimée pour de vrai,
j'ai compris qu'en toute circonstance,
j'étais à la bonne place, au bon moment.
Et, alors, j'ai pu me relaxer.
Aujourd'hui, je sais que ça s'appelle **Estime de Soi.**

Le jour où je me suis aimée pour de vrai,
j'ai pu percevoir que mon anxiété et
ma souffrance émotionnelle n'étaient
rien d'autre qu'un signal lorsque je vais
à l'encontre de mes convictions.
Aujourd'hui, je sais que ça s'appelle **Authenticité**.

Le jour où je me suis aimée pour de vrai,
j'ai cessé de vouloir une vie différente
et j'ai commencé à voir que tout ce qui
m'arrive contribue à ma croissance personnelle.
Aujourd'hui, je sais que ça s'appelle **Maturité**.

Le jour où je me suis aimée pour de vrai,
j'ai commencé à percevoir l'abus dans
le fait de forcer une situation, ou une
personne, dans le seul but d'obtenir ce
que je veux, sachant très bien que ni
la personne ni moi-même ne sommes prêts
et que ce n'est pas le bon moment.
Aujourd'hui, je sais que ça s'appelle **Respect**.

Le jour où je me suis aimée pour de vrai,
j'ai commencé à me libérer de tout ce
qui ne m'était pas salutaire, personnes,
situations, tout ce qui diminuait mon énergie.
Au début, ma raison appelait ça de l'égoïsme.
Aujourd'hui, je sais que ça s'appelle **Amour-Propre**.

Le jour où je me suis aimée pour de vrai,
j'ai cessé d'avoir peur du temps libre
et j'ai arrêté de faire de grands plans,
j'ai abandonné les méga-projets du futur.
Aujourd'hui, je fais ce qui me tente,
ce que j'aime, quand ça me plaît et à mon rythme.
Aujourd'hui, je sais que ça s'appelle **Simplicité**.

Le jour où je me suis aimée pour de vrai,
j'ai cessé de chercher à toujours avoir
raison et me suis rendu compte de toutes
les fois où je me suis trompée.
Aujourd'hui, j'ai découvert l'**Humilité**.

Le jour où je me suis aimée pour de vrai,
j'ai cessé de revivre le passé et de me
préoccuper de l'avenir. Aujourd'hui, je
vis au présent, là où toute la vie se passe.
Aujourd'hui, je vis une seule journée à la fois,
et ça s'appelle **Plénitude**.

Le jour où je me suis aimée pour de vrai,
j'ai compris que ma tête pouvait me tromper et me décevoir,
mais si je la mets au service de mon cœur,
elle devient alors une alliée très précieuse.

- Kim Mc Millen

Ce texte de Kim Mc Millen a été publié par sa fille Alison en 2001. Son titre original est « When I loved myself enough ».

Ces lignes, parfois attribuées à tort à Charlie Chaplin, sont pleines de sens et de sagesse.

L'estime de soi, l'authenticité, la maturité, le respect, l'amour-propre, la simplicité, l'humilité, la plénitude. Nous devons progresser dans tous ces domaines pour que notre vie soit pleine et bien vécue.

En réussissant, notre vie est grandement améliorée, ce qui crée une influence bénéfique sur celle de notre entourage.

Et vous mes amies,
VOUS AIMEZ-VOUS POUR DE VRAI?

HOP LA VIE!

Liste de ressources et de qualités

- ☐ accessible
- ☐ active
- ☐ accommodante
- ☐ accueillante
- ☐ adroite
- ☐ affable
- ☐ affectueuse
- ☐ agile
- ☐ agréable
- ☐ aimable
- ☐ ambitieuse
- ☐ amicale
- ☐ amoureuse
- ☐ amusante
- ☐ analytique
- ☐ appliquée
- ☐ articulée
- ☐ artistique
- ☐ assidue
- ☐ athlétique
- ☐ attentionnée
- ☐ attentive
- ☐ attirante
- ☐ audacieuse
- ☐ authentique
- ☐ autonome
- ☐ aventurière
- ☐ bienveillante
- ☐ bien élevée
- ☐ bonne écoute
- ☐ brave
- ☐ brillante
- ☐ calme
- ☐ capable
- ☐ chaleureuse
- ☐ charitable
- ☐ charmante
- ☐ clairvoyante
- ☐ cohérente
- ☐ comblée
- ☐ comique
- ☐ compatissante
- ☐ compétente
- ☐ compréhensive
- ☐ conciliante
- ☐ concrète
- ☐ confiante
- ☐ consciencieuse
- ☐ consciente
- ☐ constante
- ☐ constructive
- ☐ convaincante
- ☐ coopérative
- ☐ cordiale
- ☐ courageuse
- ☐ créatrice
- ☐ cultivée
- ☐ curieuse
- ☐ débrouillarde
- ☐ décidée
- ☐ délicate
- ☐ désirable
- ☐ détendue
- ☐ déterminée
- ☐ dévouée
- ☐ digne
- ☐ diplomate
- ☐ disciplinée
- ☐ discrète
- ☐ disponible
- ☐ docile
- ☐ douce
- ☐ douée
- ☐ droite
- ☐ drôle
- ☐ dynamique
- ☐ éblouissante
- ☐ éclairée
- ☐ éclatante
- ☐ économe
- ☐ efficace
- ☐ élégante
- ☐ éloquente
- ☐ émerveillée
- ☐ émotive
- ☐ empressée
- ☐ endurante
- ☐ énergique
- ☐ enjouée
- ☐ enthousiaste
- ☐ entreprenante
- ☐ équilibrée
- ☐ espiègle
- ☐ érudite
- ☐ éveillée
- ☐ expérimentée

- ☐ exigeante
- ☐ expressive
- ☐ extravertie
- ☐ fiable
- ☐ fidèle
- ☐ fière
- ☐ fine
- ☐ flexible
- ☐ fonceuse
- ☐ forte
- ☐ franche
- ☐ gaie
- ☐ généreuse
- ☐ gentille
- ☐ gracieuse
- ☐ habile
- ☐ harmonieuse
- ☐ heureuse
- ☐ honnête
- ☐ honorable
- ☐ hospitalière
- ☐ humble
- ☐ imaginative
- ☐ indépendante
- ☐ indulgente
- ☐ ingénieuse
- ☐ inébranlable
- ☐ influente
- ☐ informée
- ☐ innovatrice
- ☐ intègre
- ☐ intelligente
- ☐ intense
- ☐ introvertie
- ☐ intéressée
- ☐ intuitive
- ☐ inventive
- ☐ jeune d'esprit
- ☐ joviale
- ☐ joyeuse
- ☐ juste
- ☐ leader
- ☐ libre
- ☐ logique
- ☐ loyale
- ☐ lucide
- ☐ magnanime
- ☐ méthodique
- ☐ minutieuse
- ☐ modérée
- ☐ modeste
- ☐ motivée
- ☐ mûre
- ☐ naturelle
- ☐ observatrice
- ☐ optimiste
- ☐ ordonnée
- ☐ organisée
- ☐ originale
- ☐ ouverte
- ☐ passionnée
- ☐ patiente
- ☐ perfectionniste
- ☐ persévérante
- ☐ philosophe
- ☐ polie
- ☐ positive
- ☐ précise
- ☐ prévenante
- ☐ productive
- ☐ protectrice
- ☐ prudente
- ☐ raisonnable
- ☐ rassurante
- ☐ rationnelle
- ☐ réaliste
- ☐ réfléchie
- ☐ réservée
- ☐ respectueuse
- ☐ responsable
- ☐ sage
- ☐ séduisante
- ☐ sensée
- ☐ sensible
- ☐ sérieuse
- ☐ serviable
- ☐ simple
- ☐ sincère
- ☐ souple
- ☐ souriante
- ☐ spirituelle
- ☐ spontanée
- ☐ stable
- ☐ talentueuse
- ☐ tenace
- ☐ tolérante
- ☐ vaillante
- ☐ volontaire

SUGGESTIONS DE LECTURES

Libérez votre créativité, Julia Cameron, Éditions Dangles.

Voyage au pays d'intériorité, Christine Angelard, Éditions Fides.

Anticancer, David Servan-Schreiber, Robert Laffont

La flamme violette, Elizabeth Clare Prophet, Lumière d'El Morya

Les sept lois spirituelles du succès, Dr. Deepak Chopra Éditions J'ai lu (1995)

Le jeu de la vie, Florence Scovel Shinn, Astra

Règles d'or pour la vie quotidienne, Omraam Mikhaël Aïvanhov, Éditions Prosveta

La purification des chakras, Doreen Virtue, Édition AdA

Le grand dictionnaire des malaises et des maladies, Jacques Martel, ATMA internationales

La guérison du cœur, Guy Corneau, Les Éditons de l'Homme

Revivre, Guy Corneau, Les Éditions de l'Homme.

J'ouvre mes ailes, (Cartes de transformation) Sylvie Petitpas, Édition AdA

Pour obtenir de l'information à propos de mes ateliers, coaching privé et conférences, rendez-vous sur mon site:

www.johannefontaine.com